Tout ce qu'on ne te dira pas, Mongo

Mémoire d'encrier reconnaît l'aide financière
du Gouvernement du Canada
par l'entremise du Conseil des Arts du Canada,
du Fonds du livre du Canada
et du Gouvernement du Québec
par le Programme de crédit d'impôt pour l'édition
de livres, Gestion Sodec.

Maquette de couverture : Mance Lanctôt
Photos : Nemo Perier Stefanovitch
Mise en page : Claude Bergeron
Dépôt légal : 4ᵉ trimestre 2015
© Éditions Mémoire d'encrier

ISBN 978-2-89712-354-3
PS8573.A348Z46 2015   C843'.54   C2015-942169-1
PS9573.A348Z46 2015

Mémoire d'encrier • 1260, rue Bélanger, bur. 201
Montréal • Québec • H2S 1H9
Tél. : 514 989 1491 • Téléc. : 514 928 9217
info@memoiredencrier.com • www.memoiredencrier.com

Dany Laferrière

TOUT CE QU'ON NE TE DIRA PAS, MONGO

Collection chronique

MÉMOIRE D'ENCRIER

Hommes aux labours des brûlés de l'exil
selon ton amour aux mains pleines de rudes conquêtes
selon ton regard arc-en-ciel arc-bouté dans les vents
en vue de villes et d'une terre qui te soient natales.

Gaston Miron

La rencontre

Je descends la rue Saint-Denis vers le fleuve. On m'arrête au coin de la rue Cherrier. C'est un jeune homme au début de la vingtaine.

— Je m'appelle Mongo. J'arrive tout juste d'Afrique.

— C'est grand, l'Afrique.

— Ah, vous connaissez! Je viens du Cameroun. En fait, j'ai pris le nom d'un écrivain camerounais pour qui j'ai beaucoup de respect.

— Mongo Beti.

— Vous le connaissez aussi?

— Oui... J'aime bien sa colère. Il ne prend rien pour acquis.

— La plupart des gens prennent l'Afrique pour un pays où l'on ne fait qu'attendre la mort. Je suis étonné par un tel manque de curiosité.

Et moi, je suis étonné par la qualité de sa langue, son ton calme et réfléchi. Et son regard de tigre prêt à bondir sur l'ennemi de chasse.

— Ne vous méprenez pas, il y a ici aussi des Montréalais curieux et passionnés. Ce sont des gens qui ne se dévoilent pas facilement.

— Je ne suis ici que depuis le début de l'été...

— C'est très trompeur. En hiver, on n'imagine pas qu'il puisse faire aussi chaud qu'aujourd'hui. Et en été, c'est difficile de concevoir l'hiver.

— C'est si différent que ça?

— Il faut surtout éviter de parler de saisons, sinon on va rater tout le reste. Qu'est-ce que vous faites?

— Des petits boulots. Les premières semaines, je vivais avec mon oncle. Il est plombier, je l'aidais un peu. Dès qu'il rentre à la maison, il s'installe devant la télé avec ses amis. Ils ne regardent pas les nouvelles. Juste des vidéos de famille où ils analysent chaque détail. Je n'ai pas traversé l'océan pour me baigner dans la culture que je viens à peine de quitter. J'ai trouvé par hasard une chambre lumineuse sur la rue Saint-Denis, au nord de Mont-Royal. Et vous, ça fait longtemps que vous êtes ici?

— Depuis quarante ans.

Mongo eut un geste de recul, comme pour mieux me mesurer.

— Excusez-moi, mais je n'arrive pas à comprendre qu'on puisse passer quarante ans hors de son pays.

— Ça n'arrive pas d'un coup non plus.

On rit tous les deux. Une voiture frôle Mongo qui n'a pas arrêté de rire pour autant. Une jeune fille passe à côté en souriant. Elle a l'air sensible à l'énergie de Mongo.

Je sens que son rire fera des ravages de ce côté, surtout en hiver.

— On me trouve à ce café, pas loin d'ici. Juste après la petite librairie.

— C'est là que vous travaillez? me demande Mongo.

— Je viens presque tous les jours.

— Qu'est-ce que vous y faites?

— Je prends un café, je lis, j'écris un peu et je regarde passer les gens.

— Et que faites-vous pour vivre?

— Je parle à la radio le matin.

— De quoi?

— Je raconte ce qui me passe par la tête.

— Et on vous paie pour ça?

— Moins vous travaillez, mieux on vous paie. Je travaille dix fois moins qu'à l'usine, et je suis payé dix fois plus. Bon, il y a quelqu'un qui m'attend. Vous savez où me trouver. Juste là, à cent mètres, après la petite librairie.

CARNET NOIR : Je suis allé acheter à la librairie un carnet noir, et je me suis installé à la table du fond. Entre-temps, une jeune fille que j'ai rencontrée hier dans le métro m'a laissé un paquet bien ficelé. J'y trouve un billet et trois recueils de poèmes. La poésie me console de la bêtise humaine. Je lis un poème. Pas plus. Des fois, un vers me suffit. Je le laisse rouler dans ma tête jusqu'à ce qu'il colonise mon cerveau. Je sors mon carnet noir. Prolongement de ma main et de mon regard. Ma main transcrit ce que mes yeux voient. Il m'arrive d'écrire sans penser à ce que j'écris. Je suis une caméra. Je balaie l'espace. Cela m'a pris beaucoup de temps avant d'arriver à cette simplicité. Avant, je croyais que les choses, comme les êtres, ne se révélaient que dans leur profondeur. En fait, tout se passe à la surface.

Une nouvelle vie

CARNET NOIR: Quand on quitte son pays, on ignore qu'on ne reviendra plus. Il n'y a pas de retour possible, car tout change tout le temps. Les lieux, les gens, les usages. Même notre façon d'appréhender la vie. Si on ne change pas, les autres, eux, changent, et de cette manière nous changent. Perpétuel mouvement. Mais on ne sait pas ce que le temps fera de nous. On peut visualiser l'espace plus facilement. Le temps, c'est le monstre invisible qui dévore tout sur son passage. Ce genre de choses arrive à notre insu. On débarque dans un pays. On y passe des années. On oublie tout ce qu'on a fait pour survivre. Des codes appris à la dure. Chaque mauvais moment annulé par la tendresse d'un inconnu. Un matin, on est du pays. On se retrouve dans la foule. Et là, brusquement, on croise un nouveau venu et tout remonte à la surface.

Voici l'état des choses au moment de mon arrivée à Montréal. À l'époque, le monde était à mes yeux composé de deux univers distincts : le Nord et le Sud. Haïti se trouvant au sud et le Québec au nord. Faut-il dire qu'ils sont opposés ou parallèles ? Au début je voulais donner un sens à tout cela. Je n'acceptais pas l'idée que ma vie soit un grain de sable ballotté par le vent. Ces deux espaces et moi formions un triangle dont j'étais le sommet, bien entendu. Ne riez pas, nous refusons tous d'être un simple participant dans ce long-métrage de la vie. Chaque individu qui arrive ici croit que sa présence aura une influence, si minime soit-elle, sur le cours des choses. Il ne sait pas qu'il faudra toute une vie pour qu'on l'appelle par son nom. On ne verra en lui pendant longtemps qu'un immigré. Comment avoir un impact sur une société quand on n'est même pas nommé? Bon, n'anticipons pas, laissons-lui toute sa fraîcheur. Il voudra tout entendre, tout goûter, tout sentir, tout voir. Tout commenter, surtout. Le voilà qui arrive, moi ou un autre.

L'ARRIVÉE

C'est un moment intime qui rappelle les débuts d'une relation amoureuse. On aime à revoir chaque détail. Mythologie intime. On est si affamé d'images fondatrices qu'on tente de tout décoder dès le premier instant. Je suis arrivé à Montréal au moment des Jeux olympiques de 1976 – combien de fois ce moment continuera-t-il à remonter à la surface de ma mémoire? Je me souviens que déjà dans l'avion on discutait ferme à propos de ces pays africains qui s'étaient retirés des Jeux afin de protester contre la présence dans les stades des athlètes sud-africains. Comme on venait d'Haïti, on pensait que l'agent d'immigration allait nous interroger au sujet du boycott africain. Quelle position devrait-on adopter alors? C'est assez délicat pour des gens qui, comme nous, fuyaient pour la plupart la dictature. Se faire renvoyer au pays représentait un risque assez important – on pouvait se retrouver en prison ou même disparaître. C'était encore le temps de la dictature aveugle, et cela malgré le fait que Duvalier fils avait la main moins lourde que son père. En débarquant à Montréal, j'avais vingt dollars en poche, ce qui ne faisait pas de moi un touriste. L'agent d'immigration a souri et m'a laissé passer. Les portes de l'Amérique du Nord venaient de s'ouvrir devant moi.

LES PREMIÈRES IMAGES

La ville, cette première nuit-là, me semblait surexcitée. Je me suis retrouvé dans cette boîte de jazz (Soleil levant) où jouait Dizzy Gillespie (ses joues gonflées m'impression-naient), et tout de suite après, dans un halo de fumée de cigarette, j'écoutais la voix de Nina Simone. À la sortie, fort tard, j'étais étonné de voir qu'il y avait encore des gens dans les rues. Des voitures filant à vive allure dans les ave-nues illuminées. Des jeunes filles rieuses, assises à la terrasse des cafés de la rue Saint-Denis, buvaient du vin tout en me jetant en douce des regards gorgés de promesses. J'étais étourdi de me retrouver ainsi dans un univers si nettement différent de l'atmosphère ténébreuse de Port-au-Prince. Un parfum de liberté.

LA BIÈRE

J'ai senti, au fil des jours, que ce nouvel univers était beau-coup plus complexe qu'il ne paraissait au premier coup d'œil. Je courais partout. J'étais curieux de tout. Le Quartier latin où j'avais déposé ma valise était truffé de tavernes où l'on buvait de la bière à se rouler sous les tables. Les femmes ne pouvaient pas y pénétrer. L'épouse communiquait avec le mari par l'intermédiaire du fils qui, lui, pouvait franchir le seuil de la taverne. Il fallait trouver son père dans cette pénombre enfumée où tous les visages se ressemblaient : le même regard éteint. Les mêmes blessures qu'ils ne cherchaient plus à panser. Le dernier bastion de cette génération d'hommes qui, il n'y a pas si longtemps, défrichaient les forêts d'épinettes noires d'Abitibi. On portait encore la chemise à carreaux, les bottes de bûcheron, la lourde moustache et les mains calleuses d'une vie vouée au travail.

Les propriétaires de la Molson possédaient aussi le Canadien, qui est plus une manière d'être qu'une équipe de hockey. Le hockey est intimement lié à l'histoire du Québec, qu'il a accompagné tout au long de sa quête identitaire. C'est à l'aréna que les Québécois exhibaient leur fierté, en foutant de sévères raclées aux équipes anglaises. À la maison on buvait ferme en regardant le match à la télé. Et quand le Canadien gagnait, les gens sortaient dans les rues pour manifester une joie si puissante qu'il leur arrivait de casser les vitrines des magasins du centre-ville. En fait, ce brigandage ne leur est pas propre, c'est partout pareil. Les peuples se ressemblent dans cet enthousiasme pour le sport. Rien ne pousse plus à boire qu'un match décisif. On boit pour fêter ou pour pleurer. On se saoule quand on a perdu. D'où la place importante de la bière dans cette triade émotionnelle (la parole étant exclue) qui comprend la joie, la tristesse et la révolte.

LA DANSE

S'agissant de la musique, il y a une nette différence dans l'approche entre le Nord et le Sud. Le Nord privilégie le concert – l'écoute muette et immobile. Le Sud pratique une musique faite pour le corps. Il faut danser. La musique, dans les pays tropicaux, garde un lien solide avec le corps. Les pieds, les reins et surtout le ventre. La sensualité y joue un rôle prédominant. Au Québec, on écoute plutôt la musique – on ne danse qu'en de rares occasions. La foule debout communiant avec les musiciens. Bras levés et le reste du corps se dandinant, des milliers de gens donnant l'impression de n'être qu'une seule personne. Ils font les mêmes gestes en même temps, reprennent les chansons ensemble, et hurlent leur plaisir d'un seul cri. Dans une admiration collective.

Une demi-heure après le concert, la place est vide, chacun reprenant son individualité afin de rendre plus intime sa joie. Dans le Sud, la musique sert d'abord à danser avec quelqu'un avec qui on rêve de se retrouver, sans toutefois parvenir à s'écarter de cette humanité affolante qui occupe complètement l'espace. Cette surpopulation rend impossible tout rapport intime entre deux êtres pourtant consentants. Les yeux fermés, les danseurs oublient la musique, et même le fait qu'ils se trouvent en public, pour pratiquer une danse assez proche de l'acte sexuel. La baise verticale.

Un ciel commun

Ce qui m'a frappé, dès les premiers jours, c'est le ciel du Québec. Il n'est pas différent de celui d'Haïti. Le soleil est aussi éclatant en hiver à Montréal qu'en juillet à Port-au-Prince. Pourtant, ce soleil n'arrive pas toujours à réchauffer la ville. Debout derrière la fenêtre, on a l'impression, à voir ce soleil en feu, qu'il fait particulièrement chaud dehors. Il m'a fallu des années pour accepter qu'il puisse faire froid sous un pareil soleil. Ce n'est pas le seul malentendu, car malgré mes quarante ans ici, j'ai encore de la difficulté à décoder certains comportements. Des réactions surprenantes de la part de gens qu'on connaît depuis longtemps sont monnaie courante. Heureusement, sinon on s'ennuierait ferme. Et peut-être aussi qu'on ne me comprend pas plus que je ne comprends l'autre. On a tort de dormir sur ses deux oreilles dans les beaux quartiers quand la misère rugit à l'autre bout de la ville. On a surtout tort de laisser se déployer ici cette pauvreté, sous prétexte que les gens qui vivent dans une telle gêne viennent de pays où ils risquaient la mort, et que leur sort s'est donc rudement amélioré. En ignorant ainsi l'autre, c'est soi-même qu'on finit par mettre en danger. Je ne parle ici ni d'agressions, ni d'incendies, ni d'autres actes de violence, mais d'un subtil changement d'ordre moral qui nous enlève le droit d'utiliser nos sacro-saintes valeurs comme bouclier contre les barbares.

LES SAISONS

L'année est divisée, au Nord, en saisons. Et là, on est persuadé qu'il y en a quatre et on a un nom pour chacune d'elles.

Au Sud, on ne regarde le ciel que s'il va pleuvoir. C'est simple : il fait beau ou il pleut. Beaucoup plus de jours ensoleillés que de jours pluvieux. C'est pour cette raison qu'on ne s'intéresse pas trop, dans ces régions, à l'horoscope et à la météo. On sait comment la journée se passera : ensoleillée et sans rien à manger. Cette absence de surprises a l'avantage de rendre les gens moins candides face au malheur quotidien.

La vie, dans ce cas, dépend totalement de l'individu. Il ne perd pas son temps à tout mettre sur le dos du froid, de la canicule, de l'été qui tarde à venir, de l'hiver qui ne veut pas partir, de l'automne pourri, du verglas. Il n'a peur que d'une chose et c'est la pluie. Une foule si dense au centre-ville qu'on se dit qu'une émeute se prépare – en fait, c'est la foule ordinaire d'une ville surpeuplée. La police est sur les dents, se demandant comment elle pourra intervenir s'il se passe quelque chose. Une, deux, trois gouttes de pluie, et le marché se vide sous nos yeux. Ces gens, qui n'ont pas peur d'affronter l'armée, détalent dès la première goutte. Il faut reconnaître que les pluies tropicales arrivent à une folle vitesse et qu'elles sont brèves, mais violentes. Dans ce cas, le parapluie ne sert pas à grand-chose. Ce qui peut aider, c'est le parasol qui protège du violent soleil de midi, mais cet objet si utile a disparu de la circulation. Il était élégant, coloré, et les femmes le faisaient tourner au-dessus de leur tête, mais surtout il protégeait mieux que le chapeau. La vie se passait entre le parapluie et le parasol.

Alors qu'au Nord, la vie est rythmée par des saisons très contrastées où tout se joue : les émotions comme l'économie. À chaque nouvelle saison, on a l'impression d'habiter une nouvelle ville. Elle nous entraîne dans une farandole : de nouveaux habits, un nouveau discours (on parle de choses différentes, d'une saison à l'autre), un nouveau sport, de nouveaux débats politiques (le ton change dès l'automne), une nouvelle cuisine (plus lourde en hiver). La vie est différente à chaque nouvelle saison. Quand on a goûté à cette diversité, on ne peut plus accepter un paysage monotone. La portion des saisons est tout de même inégale, et il arrive qu'on perde le printemps ou l'automne si l'hiver ou l'été s'allongent. Deux grandes saisons se font face : l'hiver et l'été. Le travail rigoureux en hiver, et le plaisir en été. L'esprit règne en hiver, et le corps triomphe en été. Une façon de dire que les grands débats qui divisent la société, souvent politiques, débutent dès l'automne pour mourir au pied de l'été. En juillet, l'esprit se vide, et on sourit aisément si on déguste une salade niçoise à la terrasse d'un café tout en écoutant du jazz. Comme si le Nord devenait Sud.

L'AMOUR

Ah, l'amour subit aussi l'influence des saisons! Tout est sous le contrôle de la météo. C'est une superstition. En Haïti, les pauvres prient le matin pour que la journée leur soit douce; ici on s'informe de la température pour la même raison. La prière du matin se fait en degrés: en février, on en voudrait plus et durant la canicule, on en espère moins. L'hiver est si rude qu'il est conseillé de se trouver une *blonde*. Elle n'est pas obligée d'être blonde, elle peut être camerounaise, puisque c'est un mot vidé de son sens racial. Dès le printemps, il faut la repérer, lui faire la cour pendant la canicule du mois de juillet, et tenter de la garder durant l'automne, en évitant les sujets épineux, afin de traverser, en toute quiétude, les longues nuits polaires. Si les choses se sont mal passées, on peut rompre au printemps, qui est une saison tampon, car on a une plage de temps chaud devant soi. De nouvelles têtes arrivent dans les parcs, se promènent en vélo, vous sourient dans la rue, ce sont des filles qui viennent d'accéder à la majorité amoureuse. Cette majorité n'a rien à voir avec la majorité légale. C'est en hiver que les seins poussent plus vite, dans la serre chaude des couches superposées de vêtements. La hâte est si grande de tout déballer dès les premiers jours de printemps.

Mais l'amour, que je pensais un sentiment universel, comporte aussi ses particularités locales. Dans l'approche de l'autre, on doit impérativement éviter le ton passionné ou romantique pour ne pas être perçu comme un *chanteur de pomme*. On pratique ici un lyrisme sec, contrairement au délire caribéen ou camerounais.

Une autre différence entre le Nord et le Sud, c'est l'occupation du territoire. À Port-au-Prince, cette ville sur-peuplée, on passe son temps à chercher un nid pour abriter son amour. C'est souvent impossible. Partout où l'on tente de se cacher, on se retrouve tôt ou tard sous le regard scrutateur de quelqu'un. Il n'y a pas un seul moment sans témoin, pas un seul moment intime possible. Alors qu'à Montréal, dès le printemps, les baisers publics pleuvent dans les parcs, dans la rue, dans les cafés, dans les dis-cothèques et sur les bancs si chers à Brassens. Il arrive qu'un jeune homme invite une jeune femme à venir dans sa chambre, sans autre prétexte que de faire l'amour (dans d'autres pays, les prétextes sont variés et parfois étonnants, comme celui de lui montrer sa collection de timbres japonais). Mieux encore, ici les jeunes amoureux ont souvent, chacun, une clé. Un apport fondamental du féminisme, qui exige une certaine démocratie dans l'appé-tit sexuel. Cette minuscule clé donne droit à une si rapide intimité qu'elle raccourcit le temps du désir. On passe vite à la question pratique : quand va-t-on vivre ensemble (ce qui permet de minimiser le coût du loyer) ? Ce saut entre le moment de la rencontre et celui de se retrouver au lit n'influe-t-il pas sur la durée de la vie à deux ? m'a demandé dernièrement un cadre ivoirien de passage à Montréal. C'est une question d'une autre époque et d'un autre lieu.

La question la plus brûlante ici est celle de la langue. Elle s'accompagne de l'héritage de la colonisation. Une question et un problème au cœur de l'identité québécoise. Au Canada, la France a dû affronter l'Angleterre en duel singulier, et elle a perdu la bataille des Plaines d'Abraham en moins de vingt minutes. Depuis, le Québec vit une grave crise d'identité. Et la langue française devient le point focal de cette tragédie. On la préserve. Mieux, on la défend. Contre tout le monde – même des Français. D'autant qu'on a dû laisser en chemin la religion catholique, c'était le ticket pour la modernité. Il ne reste donc que la langue, si on ne veut pas quitter l'espace de la latinité et devenir instantanément des Anglo-Saxons. La langue française n'empêche pas le Québec d'être une nation nord-américaine, mais elle reste son dernier lien avec la France. Venant d'Haïti, une ancienne colonie française, j'ai été étonné de constater cette étrange posture que tient la langue française ici. Elle ne recule pas, elle attaque, en s'inventant parfois une situation plus tragique qu'elle ne l'est en réalité. L'impression que la langue est la dernière brigade lancée contre l'armée de Wolfe dans cette interminable bataille des Plaines d'Abraham qu'on rejoue sans cesse dans sa tête, fixant à jamais ces vingt minutes dans la conscience collective.

Je vais tenter de comprendre ce rapport particulier entre le français et l'anglais. Particulier veut dire que les mots *français* et *anglais* ne désignent pas toujours la langue, et qu'ils cachent d'autres définitions. Par exemple, quand on dit de quelqu'un qu'il est *bilingue*, on ne veut pas dire qu'il parle deux langues, mais plutôt qu'il s'exprime en français et en anglais, et qu'à une certaine époque il aurait été vu comme un traître. Au point que certaines personnes cachaient le fait qu'elles pouvaient comprendre l'anglais. Mais les Québécois s'expriment dans un excellent anglais, avec un parfait accent nord-américain – est-ce une des nombreuses ruses de la colonisation ? Je trouve cette situation souffrante et confuse, mais jamais ridicule. Sur toute la planète, on mène, chacun à sa manière, une guerre contre la colonisation, ou plus difficile encore, contre ce que la colonisation a fait de nous.

Je viens d'un pays où l'on s'est battu longtemps contre l'hégémonie de la langue française. Tout ce qu'on dit de l'anglais ici, je l'ai entendu là-bas à propos du français. Donc, me suis-je dit, ce n'est pas une question de langue, mais de condition, comme on parle de la condition féminine ou la condition noire. Et cela m'a totalement réconcilié, d'une certaine manière, avec le français. Quand on parle du *français*, on parle plus de culture que de langue. Et quand on parle de l'*anglais*, on ne parle pas de la langue anglaise, mais du colonisateur. D'ailleurs, les Québécois se sentent plus proches des Américains que des Canadiens, et les Canadiens plus proches des Américains que des Anglais. On a envie d'inventer un nouveau théorème : deux entités ressemblant à une troisième se ressemblent entre elles, sauf que le Québec ressemble au Canada autant qu'un poisson ressemble à une bicyclette. Les Canadiens ont l'impression que le bulldozer culturel américain les aurait complètement laminés si le Québec n'avait pas été là. La télé américaine a transformé plus fortement qu'ailleurs la culture canadienne. Le cinéma canadien, c'est le cinéma américain au ralenti. Certains Américains croient que le Canada est un État américain. Pour le Canadien, la seule chance d'affirmer une identité propre par rapport aux

États-Unis reste le Québec. Le Québec, si centré sur lui-même qu'il défie, à sa façon, l'impérialisme américain.

Tout cet enchevêtrement est bien compliqué, mais reste quand même moins tragique que la situation politique haïtienne, ou celle de certains pays africains. En fait, les Québécois et les Canadiens ne sont que des Nord-Américains. Au fond, l'Europe ne les intéresse pas vraiment. Ils ne se servent de l'Europe que comme bouclier dans ce combat sans fin pour une implantation définitive en terre américaine. Pour ceux que l'expression «implantation définitive» fait sourciller, je rappelle qu'à l'échelle européenne la découverte de l'Amérique, en 1492, est une histoire assez récente.

La religion

On a l'impression d'une société aussi laïque que si c'était un pays communiste. La religion est en réalité plus présente qu'on ne le croit, même si elle mène une vie souterraine. Si le catholicisme a pu survivre à la Révolution tranquille, c'est parce que le Québec est une trop jeune nation pour se permettre de tout chambarder. Ça coûterait trop cher. D'où le fait que les rues, les villes et les villages dans une grande majorité gardent encore leur nom de saints catholiques. Comme il fallait tout nommer, dans la plus vaste opération de sanctification d'un territoire jamais entreprise dans la chrétienté (on n'a pas été si loin en France, ni même en Italie), certains noms de saints m'ont semblé peu catholiques (saint Lin, saint Zotique, saint Ours, saint Pie, saint Tite – inconnus au bataillon). On vous dira qu'il ne faut pas effacer les traces de l'histoire. J'y vois une des particularités de cette société dont la règle fondamentale consiste à ne jamais mettre tous ses œufs dans le même panier. On garde tout ce qui constitue cet héritage qu'on finit par entasser dans le grenier. On en ressortira un morceau si le besoin se fait sentir.

Pour faire face à la montée de l'islam, on commence à remettre la religion au goût du jour. On n'hésite pas à descendre du grenier le vieux père Noël qu'on tente d'exposer devant la mairie. Si on n'hésite pas à opposer avec succès une langue à une autre (l'anglais et le français), on fera de même pour la religion (l'islam et le catholicisme). L'affaire se révèle cette fois plus compliquée, car la grande majorité des musulmans vivant au Québec parlent français. On ne pourra pas utiliser contre eux l'argument de la langue. C'est d'ailleurs grâce à la politique de l'immigration, qui favorise le français, qu'ils sont ici. On avait averti l'État québécois qu'il y aurait sous peu un problème de religion, mais la réponse de l'administration fut implacable: la langue prime sur tout. Le danger de perdre notre langue était trop angoissant pour résister à l'arrivée massive de francophones. Cette fois, c'est la religion qui menace un Québec qui croyait avoir déjà réglé la question. Heureusement qu'on avait conservé quelque part dans le grenier cette religion catholique si décriée en d'autres temps, sinon on se retrouverait dans de beaux draps, avec des gens qui partagent notre langue sans partager «nos valeurs». Il aurait fallu définir ces valeurs. Ça prend beaucoup de temps et on n'est pas loin de tomber dans un débat interne, alors qu'en hissant le drapeau de la judéochrétienté, on se fait tout de suite comprendre. C'est ainsi que pour résoudre un nouveau problème, on fait appel à un plus vieux. On dit en Haïti que seul le fer peut couper le fer. Zone sensible, Mongo.

Dans *Le Déclin de l'empire américain*, Arcand signale que la question du nombre reste fondamentale pour la survie d'une société. «Le nombre, le nombre, le nombre», ne cesse de marteler un des personnages du film. Pour sauver la culture québécoise dans les années 50, l'Église avait pris en charge sa démographie. Elle a donc mis au travail la femme, en exigeant d'elle un certain nombre d'enfants. Au-delà du raisonnable. D'où cette explosion démographique. Si ce rêve d'habiter complètement ce vaste territoire a réussi, c'est parce qu'on avait fait du ventre de la femme un trésor national et un bien d'État. Après avoir fourni des bébés par milliers, afin qu'on puisse faire du français une langue vivante, mieux encore, une langue durable, la moutarde commença à monter au nez de celles qui fournissaient les bébés. Sinon, ça n'allait pas arrêter, car il y avait encore de vastes espaces non habités où envoyer de jeunes prêtres. Les femmes ont regardé la carte et ont hurlé: «Ça suffit!» L'État a compris qu'on allait manquer de lait, d'écoles, d'arénas, enfin qu'on ne s'était pas équipé pour aller aussi vite, et il a ordonné d'arrêter la machine à bébés. On reprendra plus tard.

C'est là que la femme québécoise a dit qu'il n'y aurait pas de plus tard, et qu'elle allait casser les machines: la machine à marier, la machine à bébés, et toute cette propagande qui fait l'éloge de la reine du foyer. Elle ne voulait plus rester, elle voulait sortir de la maison. Elle voulait travailler dehors, ne sachant pas qu'elle ne cesserait pas pour autant de besogner à la maison. Elle voulait aller danser. Elle voulait aller au cinéma, au théâtre, puis faire du cinéma, du théâtre. Elle voulait tout. Il lui suffisait de franchir la porte. Pas si simple, car le prêtre se tenait dans l'embrasure pour l'empêcher de sortir. Étonnamment, ce prêtre était son fils. Toutes les familles avaient fourni un certain nombre de prêtres, de sœurs à l'Église. Le fils face à sa mère, disons face à sa sœur, car la génération de la mère était déjà perdue (à quelques brebis galeuses près). La femme a donc compris que le problème n'était pas le prêtre, mais l'Église, et qu'il fallait s'en débarrasser.

Que pouvait faire une pauvre femme face à une des plus vieilles et des plus solides institutions du monde ? Elle a entrepris un combat clandestin dont on ne parle pas, encore aujourd'hui. Un combat sans affrontement direct. En surface, c'était un combat entre des valeurs religieuses, parfois rétrogrades, et la modernité républicaine (la séparation de l'Église et de l'État). Mais en réalité, les femmes n'en pouvaient plus de cette condition inhumaine. Elles se sont alors révoltées. Et c'est ainsi que l'avortement, la pilule, le divorce firent une entrée puissante dans la culture québécoise. Le but étant de casser la machine. Le féminisme fut un facteur déterminant dans cette accélération de l'histoire. Cette résistance était partie de la base, non de l'élite. Ce n'est jamais l'aristocratie ni la bourgeoisie qui peuplent une société, mais bien les petites gens, ceux dont l'acte essentiel dans la vie est de donner la vie.

La Révolution tranquille

C'est un moment charnière de la culture québécoise, mais si identifiable qu'on peut proposer une date : l'arrivée de Jean Lesage au pouvoir à l'été 1960, avec le slogan « Le début d'un temps nouveau ». Et c'est là le problème. Car depuis, on a tracé une ligne rouge dans la mémoire collective. D'un côté « la Grande Noirceur », de l'autre, la modernité. La modernité apparaît donc à partir de 1960. Et avant c'était quoi? Le temps d'avant la lumière, d'avant la Baie-James, cette centrale hydroélectrique qui a permis le développement industriel du Québec. Depuis, on semble croire à une génération spontanée née de la liberté sexuelle, de la butte à Mathieu, des Cyniques, de l'*Osstidcho*, des *Belles-sœurs*, des monologues d'Yvon Deschamps, des chansonniers et des polyvalentes.

Mais tout ce mouvement vers la lumière a débuté bien avant 1960. Il fallait bien une élite pour oser rêver à un projet si subversif: le remplacement de l'Église par l'école. La colonne vertébrale d'un projet si ambitieux, c'est l'argent. D'autant qu'on est en Amérique du Nord, dans un système capitaliste. Sans argent, on ne pourrait faire marcher ce train de la modernité que la Baie-James et la tenue ici de l'Exposition universelle en 1967 ont mis sur les rails. Et c'est là qu'intervient la Caisse populaire Desjardins. L'argent devient, avec la langue et la religion, le moteur d'une société en effervescence. Un combat mené surtout contre l'obscurantisme qui maintient en état d'isolement. Et donne à l'individu ce sentiment d'infériorité. Le Québec mène courageusement cette guerre depuis une cinquantaine d'années. Et c'est d'autant plus difficile qu'il entend avancer en ne laissant personne derrière.

LA RUMEUR DU MONDE

Deux navires dans la nuit

Jusqu'à tout récemment, soyons plus précis, jusqu'à 1989, l'année de la chute de l'Union soviétique, les deux mondes du Nord et du Sud vivaient en parallèle. Comme deux navires qui se croisent dans la nuit. Quelques touristes du Nord descendaient au Sud, attirés par la chaleur et un monde soi-disant primitif, mais rares étaient ceux du Sud qui montaient vers le Nord. Le Nord n'ouvrait ses portes que pour laisser passer des hordes désespérées dans l'unique but de les exploiter jusqu'à l'os. Ils n'étaient pas identifiés comme des esclaves, mais plutôt comme des ouvriers illégaux, une bien faible distinction. Même cette situation était contestée par une certaine partie de la population qui les accusait de vouloir leur voler leurs jobs. Un travail que les gens du Nord refusaient pourtant de faire. Aujourd'hui, rien ne semble pouvoir empêcher les gens du Sud de monter au Nord. Ni les conditions difficiles du voyage, ni les requins en tous genres, ni la trahison des capitaines de bateaux, ni la cupidité des intermédiaires qui leur font payer le voyage au prix fort, ni les lois drastiques des pays du Nord contre l'immigration massive, ni la désillusion de ceux qui sont parvenus à s'installer au Nord. Rien ne nous dit si ça s'arrêtera avant que le dernier individu du Sud ne pose le pied au Nord.

L'IMMIGRATION

C'est la seule chance de renouveau d'une société démographique épuisée. De plus, l'immigration permettra de rompre avec cette opposition classique Nord-Sud, car plus on se connaît, moins on se diabolise. On a eu pendant longtemps, disons depuis la fin de la Seconde Guerre jusqu'au démantèlement de l'Union soviétique, une opposition Est-Ouest. Il s'agissait de puissances guerrières s'affrontant de manière symbolique. L'opposition Nord-Sud indiquait plutôt deux mondes que la richesse séparait. Le lien était que la richesse de l'un était solidement reliée à la pauvreté de l'autre. On en discutait dans un Québec qui n'a pas un œil pour la scène internationale. Puis, le Québec a développé son propre débat, en se questionnant sur la manière de régler le problème de l'immigration. Ce ne sera sûrement pas par humanisme (un catholicisme laïque), mais plutôt par une analyse froide de la question.

Si on commençait par répondre à la question : pourquoi veulent-ils monter au Nord ? Peut-être parce que le Nord a déjà été au Sud. Un chemin peut se faire dans les deux sens. Sinon le bateau de migrants coulera dans les eaux glauques de l'intolérance ou de la bondieuserie. Ce ne sont que des théories qui provoquent des discussions épuisantes où l'on cherche à manipuler l'autre, jusqu'à ce qu'on se retrouve devant un être de chair et de sang : Mongo.

TÉLESCOPAGE DU TEMPS

La rencontre avec Mongo m'a fait revivre mon arrivée ici durant l'été 1976. Je me souviens de ce premier appartement mal chauffé, de mon premier boulot, et du moment exact où j'ai compris que j'étais ici pour rester. Comme Mongo, je ne voulais pas me faire absorber par ma culture d'origine. Je ne cherchais surtout pas la chaleur d'une communauté où je pouvais partager avec les gens la même langue, les mêmes goûts culinaires et musicaux et les mêmes inquiétudes face à l'autre. J'évitais tout ce qui me rappelait la vie d'avant. Je chassais vite le moindre souvenir qui effleurait ma mémoire avant qu'il ne se métastase et fasse de moi un esclave de la nostalgie. J'ai un ami qui n'a pas pu résister longtemps à l'appel d'une libellule se posant sur un bâton, dans un marais près de l'endroit où il a passé son enfance. Plus le souvenir semble banal au départ, plus il s'amplifie au fur et à mesure que le temps passe. Dans les premiers jours, c'est une guerre entre un présent si chaud et un passé qui refuse de devenir passé. Est-ce pourquoi je ressens aujourd'hui une certaine affinité avec ce jeune homme qui doit avoir l'âge que j'avais en arrivant dans cette ville? Le premier combat, c'est toujours contre le confort communautaire, d'une certaine manière contre ce qu'on a été. On ne cherche pas à se renier, mais à refuser de vivre ici comme si on était là-bas.

C'est une guerre invisible pour ceux qui n'ont jamais vécu une telle aventure. Je comprends la détermination de Mongo à prendre ses distances avec son oncle. J'avais eu la même réaction face à un oncle qui voulait à tout prix me ramener dans la moiteur du ghetto, cet espace à Montréal où il fait toujours la même température qu'à Port-au-Prince. Là où on n'a pas besoin d'interpréter chaque parole ou chaque geste de celui qui nous ressemble en tous points. Mais si on ne résiste pas à cette facilité, on risque de s'enfermer dans une espèce de *réserve* où les enjeux ne sont pas ceux de la grande ville. Et où il est possible de passer sa vie en ignorant les grands débats qui traversent la société. À se construire ainsi un monde où les incertitudes de la réalité sont absentes, ne risque-t-on pas de faire de sa vie une fiction ? Je me revois en train de déambuler dans les rues de Montréal. Cette griserie à découvrir une ville neuve. De piquantes odeurs, des couleurs surprenantes, des formes inédites. Nos nerfs constamment en alerte. Même quand on cumule toutes les angoisses du monde (le loyer, la nourriture, la solitude, etc.), on espère à chaque coin de rue que la beauté va surgir dans sa plus forte convulsion. Je suis allé acheter à la Librairie du Square un magazine avec un dossier sur Gombrowicz que je voulais depuis un moment. Je me suis installé au café, à la table du fond, j'ai commandé un café, et pendant une heure je me suis plongé dans l'univers de l'étrange monsieur Gombrowicz.

POURQUOI SONT-ILS ICI ?

C'est naturel de se demander, dans un cas comme dans un autre, pourquoi tout ce remue-ménage sur la planète depuis un moment. Pourquoi tant de gens se déplacent-ils d'un point chaud à un point froid ? De l'Afrique à l'Amérique du Nord ou à l'Europe ? Les choses s'accélèrent. La planète risque même de basculer si tout le monde se retrouve dans le même coin. La cadence s'est accélérée avec la chute de l'Union soviétique, qui s'occupait d'une moitié de la planète pauvre. L'extravagante défaite de l'Est a tout débalancé. La Chine est devenue capitaliste et la Russie sort à peine d'une saison de banditisme pour entrer dans une sorte de capitalisme sauvage. Poutine, malgré ce sourire énigmatique, semble avoir la violence spontanée d'un Yvan le Terrible et l'ambition démesurée d'un Pierre le

Grand. Les règles de la démocratie paraissent le gêner aux entournures. Et de plus en plus d'intellectuels occidentaux commencent à légitimer ses actions en tablant sur le fait que la Russie a besoin de se refaire une santé, et qu'un dictateur est toujours préférable à l'absence de chef. La Chine, quant à elle, remplace carrément la politique par le commerce de détail. À l'Est comme à l'Ouest, on ne voit plus la planète que comme un immense centre d'achat.

La nouveauté vient du Sud, où le Moyen-Orient côtoie l'Afrique et l'Amérique du Sud, de ce Sud que la famine, l'intolérance religieuse et la violence politique poussent à chercher une vie meilleure au Nord. Ce Nord où l'on trouve de quoi manger, une certaine tolérance religieuse et une relative paix sociale. Mais pourquoi le Nord accepte-t-il d'être la vache à lait du Sud? C'est que la vache n'a pas de veaux. Et le confort rend sa population impropre au travail de base. Il y a un niveau où l'Occidental ne veut plus descendre. Un salaire et une condition de travail qu'il refuse totalement. En acceptant ces affamés, le gouvernement donne la possibilité à sa population de monter d'un cran dans l'échelle économique, et se ménage ainsi une éphémère paix sociale. Donc si le Sud monte au Nord, c'est simplement qu'il y a un vide à combler. Le Sud, c'est un trop-plein d'individus et de violence. La famine, source de déséquilibre politique, jette des populations entières dans les jouissances métaphysiques de l'opium religieux.

Il y a eu pourtant des avertissements. Des analystes avaient depuis longtemps prévu cette migration – l'agronome René Dumont dès 1962 avait lancé son cri d'alarme : *L'Afrique noire est mal partie*. On avait fait la sourde oreille. D'autant que le Nord n'est pas totalement innocent dans cette situation sans issue où se trouve le Sud. Ce n'était pas mauvais d'avoir sous la main une telle réserve d'énergie humaine qui pouvait à tout moment remplacer le prolétariat remuant du Nord. Les syndicats devenant de plus en plus gourmands, le capitalisme occidental cachait ce joker dans sa manche : ces hordes d'affamés qui pouvaient à tout moment remplacer les honnêtes ouvriers du Nord. L'immigré remplace l'ouvrier. Cet ouvrier abusé qui croit que l'immigré lui vole son travail, alors que celui-ci ne fait que le remplacer dans une situation intolérable, pour que ce dernier puisse grimper d'une marche l'échelle sociale – s'il peut exister une échelle dans l'enfer de l'usine.

DESTINS CROISÉS

Maintenant que le Sud est installé au Nord, on croit l'intégration impossible. Coutumes, religions et langues différentes séparent l'un de l'autre. Et on insiste sur ces points de dissonance. Alors que ce n'est pas l'essentiel. À force de frottements, on n'aura pas besoin de deux décennies pour accommoder tout cela dans la grande chaudière urbaine. Mais l'Occident, qui a eu besoin de quelques millénaires pour construire une civilisation exceptionnelle, et de quelques siècles pour ériger ces magnifiques cathédrales de pierre, est devenu si impatient quand il s'agit de tricoter des relations humaines. Cela se traduit par des affrontements constants entre la police et les jeunes immigrés, avec de brèves périodes d'accalmie, qui ne font que retarder le moment de cohésion sociale.

Pourtant, dans tout ce brouhaha, on oublie le seul fossé qui risque de s'élargir. C'est le rapport avec l'État. Pour l'Occident, l'État est une personne morale. C'est à l'État qu'on demande de défendre l'identité nationale.

La Constitution tente d'infuser dans la réalité un rêve de société. Tandis qu'au Sud, l'État demeure l'ennemi du peuple. Aucun écrivain du tiers-monde, s'il n'est pas un mouchard, n'espère recevoir une subvention du ministère de la Culture de son pays. La culture, là-bas, c'est tout ce qui s'élève contre l'État. Tandis qu'ici c'est l'État providence qui permet à la culture de survivre. Résultat : là-bas, on meurt parfois d'une balle dans la nuque, et ici d'un cancer de la prostate. Chacun son destin.

CARNET NOIR : Depuis quelque temps, je me lève au milieu de la nuit pour lire de la poésie. Puis je me rendors doucement avec des images chagalliennes imprimées sur mes paupières. Je me lève tôt le matin pour apporter quelques corrections au texte écrit la veille. J'observe de la pénombre du salon la lumière se lever sur la ville. Sans cette lumière si éclatante en hiver, on serait tous dépressifs. Si l'on demande ce que Montréal possède de plus précieux, je dirais cette lumière si sensuelle sur la peau et si apaisante pour l'âme. De fugitives pensées que j'accueille ou refuse, selon mes possibilités mentales. J'ai tendance à me protéger des attaques répétées de ces souvenirs (ce passé comme un bulldog qui ne lâche jamais prise) qui n'ont d'autre but, maintenant qu'ils savent qu'on ne peut plus revenir en arrière, que de vous plonger dans cette mélancolie paralysante.

Je me secoue pour descendre à la radio. Je peux choisir le sujet dont je veux parler – j'ai toujours insisté pour avoir ce droit. Intellectuellement, je ne sais pas obéir. Au début, les gens se sont étonnés. C'est si reposant de se faire dire sur quoi on doit réfléchir. Pour moi ce n'est jamais du théâtre. Je vais toujours jusqu'au bout. L'idée, c'est de rester soi-même. Il n'y a pas de moment moins important qu'un autre. Mouvement continu. Tout est lié. Si on est intègre, on n'a qu'à suivre son instinct, qui est simplement la somme de ce qu'on investit dans l'instant. On ne se coupe jamais de son passé.

Int. Radio. Dimanche matin

Carnet noir : Les nouvelles arrivent d'Irak, de Chine ou du Soudan – les points chauds. Pêle-mêle. Un panda est né au zoo de San Francisco. La nuit dernière fut rouge à Toronto. Fusillade en Corée. La bourse de New York s'affole. On propose du café chaud avec des bagels au fromage aux invités qui viennent nous parler de leur film, de leur livre ou simplement de leur inquiétude face à la marche du monde. Comme une grande marmite où tout a mijoté durant la nuit. S'il fait jour ici, là-bas on dort déjà. On n'aurait pas pu survivre sans cette symétrie. Difficile d'imaginer tout le monde debout sur la tête. On bouge, mange, tue, meurt, dort en même temps. L'heure universelle. La minute planétaire éternelle. L'épuisement d'un coup. Cette alternance du bruit et du silence maintient l'équilibre de nos nerfs. La radio fait le relais entre la société des dormeurs et celle des éveillés. Une petite fenêtre lumineuse. On discute, sur un ton feutré, de ce qui s'est passé durant la nuit. Une activité constante où brusquement on sent battre le cœur du monde. De ce monde où certains nous écoutent encore sous les draps. On me fait signe d'entrer dans le studio. Un œuf chaud. On se sent protégé contre les malheurs de cette planète qui n'arrête pourtant pas de crier sa douleur. L'équipe autour de la table qu'anime un Franco chaleureux, mais toujours aux aguets. C'est un cuisinier qui, tout en surveillant ses casseroles à la cuisine, participe activement à la conversation qui se passe au salon. Nous sommes plusieurs avec des expertises particulières : deux philosophes, un chroniqueur sportif qui s'affale presque sur la·table comme un vieux chien endormi, mais méfiez-vous, car il a la patte plus rapide qu'un jeune chien, un chroniqueur artistique à la fois acide et gai, une météo plus vive que la fonction ne le demande et des invités qui vont et viennent comme si c'était un moulin. L'impression qu'on s'est tous donné rendez-vous chaque dimanche dans un petit café un peu bruyant. Soudain la petite lumière rouge s'allume. C'est mon tour. Une sorte de gravité me fige presque. Je ne suis plus seul. Je parle à des milliers de gens. Ma petite voix court les rues pour s'infiltrer dans les maisons. On m'accueille ou on me ferme la porte au nez afin de m'empêcher d'atteindre l'oreille de l'auditeur à moitié endormi. Il arrive que je surprenne des couples en train de faire l'amour. D'autres terminent leur premier café. Et je tente de faire surgir sur leurs lèvres le premier sourire du jour. Aujourd'hui je traite de la parole et du silence.

PETITE HISTOIRE DE LA PAROLE

Je n'ai pas dit « petite histoire de la langue ». On confond souvent langue et parole – la parole, c'est l'usage que l'on fait de la langue. Ici, on ne vénère que la langue. Pourtant, à quoi sert la langue si on est silencieux ? Ou pire, si on est un *taiseux*? Un *taiseux*, c'est le contraire d'un *niaiseux*. Le *niaiseux* parle à tout bout de champ; le *taiseux* abuse du silence.

Pendant longtemps, au Québec, on était soit l'un, soit l'autre. Si la génération des années 50 jusqu'au début des années 70 en fut une de redoutables *taiseux,* les années 80 virent l'éclosion des *niaiseux* roses. Il faudrait un jour décrypter le rapport étrange qu'entretient le silence avec l'hiver. Si vous êtes arrivé à la fin des années 80, vous avez l'impression que les gens d'ici sont bavards. Cela n'a pas toujours été ainsi. Les années de la Grande Noirceur furent si terrifiantes qu'une publicité à la télé, au milieu des années 70, a jugé bon de pousser les gens à la parole: «On est six millions, faut s'parler». Mais le dégel avait commencé vers la fin des années 60. S'il faut mettre une date, je dirais à l'Expo 67 – tout était si nouveau qu'il fallait en parler. L'électricité à gogo de la Baie-James a joué un rôle aussi dans ce printemps de la parole.

La parole a deux sources: le père et la mère. Je dis le père et la mère, car à cette époque l'homme et la femme n'existaient pas encore. Un homme était un religieux ou un mari. La société ne voyait en eux que des agents de reproduction. Si vous venez du Moyen-Orient, vous comprendrez facilement.

La parole du père est née du silence. Le père était auparavant bûcheron. Dans la forêt, on doit rester aux aguets. Tout bruit inédit est un signal de danger. Quand l'homme n'est pas dans le bois, son esprit y est. La parole de la mère vient de la radio. C'est un bruissement intelligent, mais incessant. La mère veut raconter sa journée au père. Les nouvelles chansons des vedettes de l'heure, la cuisine, les informations. Et même l'Afrique. La famine, les guerres, les découvertes scientifiques, les grandes aventures. Le monde extérieur. Lui fait semblant de ne pas écouter, mais il ne perd pas une miette de son bavardage luxueux. Ce sont les mères qui ont relayé dans les foyers les réflexions qui ont permis la Révolution tranquille. Il ne faut pas entendre là des idées intellectuelles, mais tout ce qui se passait hors du foyer : les inventions qui ont allégé le fardeau de la femme et dont on parlait grandement dans les magazines féminins, les nouvelles du monde, même censurées par un clergé crispé, les chroniques de cinéma et de théâtre. La radio charriait une culture diversifiée, amusante et finalement étourdissante. Du fond d'une cuisine à Rimouski, on rêvait à Paris ou à New York. Les jeunes un peu fortunés y allaient et revenaient avec des récits épiques où le rêve se mêlait à la réalité. La mère rêvait en regardant par la fenêtre, pas plus de quelques minutes, car on avait toujours quelque chose à faire dans une maison de 13 enfants.

Franco : Et le père ?

Moi : Il a bien tenté quelquefois de parler de la forêt. C'est tout un monde aussi. Mais tout ce qu'on peut en raconter, c'est le silence. Et c'est impossible de parler du silence sans le dénaturer. Alors il se tait. D'où la pauvreté de sa langue – justement, elle n'a pas été assez utilisée.

Finalement, on ne partage le silence qu'avec des gens qui peuvent décoder toutes les nuances de ce silence. (Une minute de silence.) Quand je ne parle pas, c'est que j'écoute. On ne sait jamais, quand les deux se taisent, qui écoute l'autre. Bon, pour finir, le père se réfugiait à la taverne. Un endroit où les femmes et la conversation étaient interdites. La seule conversation qu'on entendait dans une taverne digne de ce nom, c'était celle de l'homme si saoul qu'il se fâche de ne pas se rappeler le nom de sa femme. D'où l'invention du terme *chose* à la place d'un nom qu'on a oublié ou qu'on fait semblant d'oublier.

Cette terrible guerre entre la parole et le silence a duré un long moment. Mais l'avenir était à la mère et à son univers tissé de nouvelles fantaisistes, d'objets hétéroclites, de musiques étrangères et de cuisines exotiques qui lui permettaient de rêver. C'est le monde moderne obsédé par la jouissance. Tout ce qu'elle écoutait à la radio s'était un jour manifesté avec l'Expo 67. Elle a été la première à prendre le métro pour aller déguster ces nourritures exotiques, danser ces merengues étranges, écouter des langues si musicales qu'on ne sait plus si on est séduit par la langue ou par celui qui la parle. Ah, l'espagnol si sensuel! Voilà, le mot est dit: sensuel. C'était le temps de la vie ruisselante, débordante de sensualité, cette sensualité que l'Église abhorrait. Le monde féminin triomphait. La mère rentrait à la maison, radieuse, inondée (pourtant il n'a presque pas plu cet été-là) au moment où le père, comme à l'ordinaire, filait à la taverne. La femme était née, alors que l'homme restait encore enfermé dans le silence.

Franco: Ce sont encore les femmes qui ont mis un frein à cette logorrhée verbale?

Moi: Quand madame Tremblay parlait trop en ramassant son linge, juste avant que le grain ne passe, madame Gagnon lui répondait: «Bon, c'est ça qui est ça». Ce qui veut dire: «Je n'ai pas que ça à faire». Madame Tremblay aurait bien voulu insister, car le souper mijotait tranquillement, mais madame Gagnon avait déjà tourné le dos.

Madame Tremblay, qui espérait reprendre la conversation une autre fois, lançait alors un timide « Entéka... » (en tout cas). Ce qui veut dire : « Je te laisse aller pour aujourd'hui, mais... » On peut penser que madame Gagnon voulait simplement avertir madame Tremblay de ne pas trop rêver. Pour le moment, aucune digue ne pourrait empêcher cette parole hydraulique de tout emporter sur son passage.

Franco : Qui pourra arrêter alors la femme ?

Moi : Personne pour le moment... Elle ne perdra le monopole du verbe que vers le milieu des années 80, avec l'arrivée de l'homme rose. Un flux verbal qui devrait fonctionner en coupe-feu face à la parole de la mère. C'est aussi une parole qui étonne et séduit, car cela faisait longtemps qu'on n'avait pas entendu un homme se passionner pour autre chose que le sport. C'est la féministe qui avait ordonné à l'homme de parler : « Parle, parle ». Et dès qu'il a commencé à parler, elle lui a demandé de pleurer : « Pleure, pleure ». Une fois la vanne ouverte, on ne pouvait plus l'arrêter sur la pente glissante des larmes. Et l'homme rose était né. Et cet homme rose allait s'emparer, en un clin d'œil, de tous les domaines d'activité de la femme : danse, cuisine, langues étrangères, cosmétologie, romans psychologiques, comédie romantique, mode, tout un vaste espace culturel qui n'appartenait auparavant qu'à la femme. Les clichés bougèrent à une vitesse qui prit tout le monde par surprise, créant ainsi un sentiment de perte de repères durant une longue décennie. Et le retour timide, mais sûr du silence. Ce silence que les machos savent manier comme un lasso pour attraper les jeunes filles par le cou.

Vie de café I

Carnet noir : Pourquoi je viens si souvent au café ? Parce que j'espère rencontrer quelqu'un d'étonnant chaque fois que la porte s'ouvre. On se dit : ça va être lui ou elle qui va m'entraîner dans une aventure plus rocambolesque que la fiction. On n'écrit pas pour rêver le monde, on voudrait que le monde ressemble à notre rêve. Pouvoir les yeux ouverts enjamber la fenêtre pour tomber dans un univers qui épouse notre rêve. Cette réalité est comme fabriquée par des gens qui ont cessé de rêver depuis longtemps parce qu'ils ne dorment même plus.

Cette agitation incessante m'épuise, je le répète depuis un moment. Si le monde pouvait ressembler à ce café presque vide où des gens lisent, dessinent, conversent à voix basse. On se salue en arrivant, et il arrive qu'on règle l'addition pour quelqu'un qui cherche depuis un moment de l'argent dans ses poches. On ne cherche pas à humilier l'autre et les rapports de pouvoir sont réduits au strict minimum. Une fille raconte une histoire qui vient de lui arriver, et personne ne cherche à rigoler en douce. Le problème, c'est que si nous régnons dans un univers fait de paradoxes et de symboles, nous n'avons aucun pouvoir dans le monde concret. Il nous manque ce goût de l'action, et ce sens des choses de la vie quotidienne. À part ça, notre monde est idéal. Il y a une nouvelle d'Hemingway que je n'ai pas lue, quelqu'un me l'a racontée et je ne sais même pas qui. C'est l'histoire d'un jeune homme qui travaille dans une sorte de Burger King de cette époque-là. Son temps de travail terminé, il n'arrive pas à quitter l'endroit parce qu'il est bien éclairé alors que les ténèbres sont dehors. Je n'arrive pas à quitter ce café, ni cette ville, ni même cette vie. Ce n'est pas l'idéal, mais il fait si noir dehors.

J'en étais à mon deuxième café quand Mongo est entré.

— Je suis passé hier, mais vous n'étiez pas là.

— On peut se tutoyer, Mongo. On est assez strict sur le tutoiement ici. L'obsession démocratique, tu comprends. Nous sommes tous au même niveau, jusqu'à ce que tu découvres que c'est illusoire.

— Tu n'étais pas là, hier?

— Je ne viens pas ici chaque jour. Sauf si je dois rencontrer quelqu'un. C'est là que je prends tous mes rendez-vous. Comme ça, si j'oublie l'heure, je sais au moins le lieu. J'appelle ici et je demande si on m'attend.

Son rire éclatant fait vibrer la pièce, lui apportant une nouvelle vitalité.

— Moi, je ne prends jamais de rendez-vous. J'apparais, je disparais.

— Tu peux faire ça au Cameroun où c'est toujours l'été. En hiver, il faut prendre rendez-vous, et surtout arriver à l'heure.

— Ils me font pitié, tous ces gens avec une montre au bras. On est en train de causer et après cinq minutes ils se mettent à regarder leur montre. C'est ça, la civilisation : se faire régler par une montre.

— Tu ne me feras pas croire qu'il n'y a pas de montre au Cameroun...

Il rit de nouveau.

— Je t'ai entendu ce matin. Tu peux dire tout ce qui te passe par la tête ?

— On peut très bien gagner sa vie en faisant semblant de réfléchir.

— Personne ne met la main à la pâte ?

— Oui, mais pas en ville. En ville, c'est le cerveau. En région, c'est la main. En ce moment c'est la guerre entre le cerveau et la main.

— On ne peut pas se servir des deux ?

— Le cerveau est trop loin de la main, et la région de la ville. Si tu répètes ça, on t'étripera.

— Et pourquoi ?

— Zone sensible.

— Terrain miné ?

— Pas plus ni moins miné qu'une autre société. Sauf qu'il faut savoir où marcher.

— Pourtant à la télé il n'y a que des humoristes.

— On peut rire de tout, sauf de...

— De quoi?

— On ne le découvre qu'en faisant une blague qui ne fait rire personne.

— Je ne te crois pas. Tu dois sûrement connaître un certain nombre de points sensibles à éviter. Tu pourrais me les indiquer?

— Rien ne vaut l'expérience.

— Ça se partage aussi.

Un temps.

— Tu as marqué un point là... Un café?

Je fais signe à la serveuse d'apporter deux cafés. Elle arrive un peu plus tard avec ce visage fermé.

CARNET NOIR: On vient d'annoncer à la radio que la police a tiré sur un jeune homme de dix-sept ans dans le quartier Saint-Michel. Un des ghettos de Montréal où fleurissent le chômage et la misère – les deux mamelles de l'immigration. On ignore encore les circonstances de ce drame. La serveuse me raconte que l'adolescent, en tentant de s'interposer entre les policiers et son frère, a été abattu comme un canard sauvage. On a bu le café en silence. Comment affronter une telle situation? Individuellement, c'est normal de ressentir quelque chose face à un pareil drame, mais l'émotion brute peut être dangereuse quand on la laisse courir à travers la ville. Quand on sait que chaque abus pourrait être la goutte de sang qui fait déborder le vase. D'un autre côté, on risque de gifler le mort en minimisant l'affaire. En appuyant trop fort, on pourrait provoquer une émeute. Comment faire? Ne jamais réagir sur l'heure. Ne pas déroger à cette vieille règle de dormir sur un sujet à haute intensité dramatique avant de faire un commentaire dans les médias. Avoir un code strict de comportement devant ce monstre vorace qui se nourrit d'opinions spontanées, de commentaires hâtifs et de visages émus captés sur le vif. Il est urgent alors de ne rien faire avant de se calmer soi-même.

Int. Radio. Dimanche matin

Carnet noir : Est-ce que je lis de la poésie pour me boucher les oreilles quand la violence prend tout l'espace ? En même temps, certains poèmes nous pénètrent jusqu'au fond. On doit prendre garde aussi à la douceur. Un seul vers peut nous changer plus profondément qu'une décennie d'horreur. Est-ce pourquoi certains traversent les siècles sans perdre une once de leur énergie ? Ce poème de Buson réveille en moi plus de sensations que le souvenir douloureux d'un couteau qu'on a pris par mégarde par la lame au lieu du manche :

> *Rivière d'été*
> *Quel plaisir de la franchir*
> *Sandales en main*

Dire que ces trois vers ont survécu à des événements si importants qu'on pensait que le monde n'allait jamais les oublier. Déjà la mort de Kennedy ne dit plus rien à ceux qui n'étaient pas nés au moment de cet assassinat. La plupart des faits historiques de notre époque s'effacent déjà de notre mémoire, comme le fait que l'homme ait marché sur la lune, quand les trois vers du poète japonais continuent à nous étreindre le cœur. Il y a des matins où la nouvelle devrait être la lecture d'un poème. Pas aujourd'hui, car ma chronique raconte une triste réalité qui changera peut-être un jour, mais qui, ce matin, nous brûle le cœur.

Identité et morale

Chaque fois qu'on prend la parole sur la question de la violence urbaine, nous répétons la même chanson : que le vrai terreau de la criminalité est un mélange de pauvreté, de manque d'éducation et de chômage. Ce qui donne l'impression que tous les jeunes des quartiers pauvres tiennent en main un bidon d'essence et une allumette. Comment un policier doit-il s'approcher alors d'un pareil danger ? Et pourtant les chiffres publiés par le quotidien *La Presse* nous poussent à la nuance. Population sous le seuil de la pauvreté : 40 % à Montréal-Nord contre 29 % dans l'île de Montréal. Population n'ayant pas de diplôme d'études secondaires : 42,5 % à Montréal-Nord contre 26 % dans l'île de Montréal. Nombre d'adolescentes qui ont un enfant : 4,5 % à Montréal-Nord contre 2,8 % dans l'île de Montréal. Malgré cela, 5,3 % de délinquants à Montréal-Nord contre 6,1 % dans l'île de Montréal.

Franco : Comment se fait-il que Montréal-Nord arrive à un meilleur score que le reste de la population, alors qu'on ne cesse de nous dire qu'il y a plus de problèmes ici qu'ailleurs ?

Moi : Surtout quand on sait qu'un groupe de jeunes jouant dans un parc de Westmount n'est pas vu par la police comme un groupe de jeunes jouant dans un parc de

Montréal-Nord. On imagine qu'un jeune de Montréal-Nord se fait plus vite un dossier de police qu'à Ville Mont-Royal, Westmount ou Outremont. En d'autres termes, un délit mineur diffère de résonance selon le quartier où l'on vit. Dès qu'un jeune de Montréal-Nord a une altercation avec la police, on se précipite pour fouiller son dossier. Par ailleurs, on y va mollo quand ce sont des fils d'hommes d'affaires, d'hommes politiques ou d'influents journalistes des quartiers huppés de Montréal, qu'on sait capables de mettre en branle une batterie d'avocats. Mais malgré tous ces obstacles, redisons-le, c'est 53 délinquants pour 1000 habitants à Montréal-Nord contre 61 pour 1000 dans l'île de Montréal. Bien sûr que j'exagère, car l'île de Montréal a aussi son gros quota de minorités de toutes sortes. Mais on nous a tant répété ces derniers temps que la délinquance s'est installée à demeure dans ces bastions forts où la misère, le manque d'éducation, les problèmes raciaux et le chômage règnent qu'on n'en revient pas que Montréal-Nord, avec 15 % de Noirs, fasse un meilleur score que l'île de Montréal qui n'a que 4 % de Noirs.

Franco : La criminalité n'est donc pas une question de race.

Moi : Par contre, j'ai l'impression que le jeune Fredy Villanueva, avec ses grands yeux doux, n'aurait pas trouvé la mort s'il avait été en train de jouer dans un coquet parc de Westmount. Mais si pareil événement était arrivé là, je mettrais la main au feu qu'il n'y aurait pas eu d'émeutes. Parce que les mouvements de violence viennent de ceux qui se sentent exclus du système ou qui ont l'impression d'être traités injustement. Si on veut condamner à tout prix la violence, il ne faut pas fermer les yeux non plus sur la violence ordinaire, celle qui se vit tous les jours, mais qui reste invisible à ceux qui ne sont pas dans le cercle de feu. Il nous faut sentir des vies battre sous ces chiffres qui nous semblent si froids : 40 % des gens vivent sous le seuil de la pauvreté à Montréal-Nord. Alors pourquoi, malgré les gangs de rue – que je ne veux pas minimiser –, le chômage, la misère, la sous-éducation, 53 adolescents sur 1000 sont impliqués dans la délinquance contre 61 pour l'île de Montréal ? Pourquoi n'y a-t-il pas de gangs dans les beaux quartiers de Montréal ? Agissent-ils tous en solitaires ? Ou sont-ils finalement plus intelligents que ceux de Montréal-Nord en ne donnant pas de nom à leur groupe ? J'ai toujours remarqué chez le pauvre un désir de se montrer nu. Tout le monde sait que si vous allez au tribunal bien habillé et que vous répondez au juge avec respect, vous avez plus de chances pour un délit mineur que le voyou insolent. Malgré tout, dans un geste désespéré, ce dernier n'hésite pas parfois à insulter le juge. En fait, c'est qu'il se sent seul face au système et tout ce qui lui reste c'est ce code d'honneur démodé et inefficace.

Franco : Où veux-tu en venir ? Car je sens que tu cherches à nous dire quelque chose...

Moi : Bon... Eh bien je crois qu'il ne s'agit pas ici d'une question de racisme, comme on a tendance à le croire. Le fond de l'affaire, c'est que le Québec a depuis longtemps décidé qu'il était une société sans classes. Pourquoi ? On aurait tort de croire que c'est parce qu'elle est sociale-démocrate. C'est plutôt ce vieux fond catholique qui fait croire qu'on est tous pareils devant Dieu. Chaque fois qu'un démuni se plaint d'une injustice, on lui répond d'attendre son tour, car nous croyons honnêtement avoir érigé une société juste. Protester, c'est mettre en doute la bonne foi d'un système dont la base est une forte cohésion sociale.

Mais cette cohésion est plus difficile à maintenir quand les gens viennent de cultures différentes. Imaginez maintenant une ville de plus de 3,5 millions d'habitants, où le nouveau venu ne sait pas trop où il se trouve, alors que sa simple présence a déjà contribué à changer la donne. C'est depuis qu'il est là qu'on a remplacé la morale par l'identité. On ne parle plus, comme avant, de ce qui est bien ou mal, mais de ce qui nous identifie ou pas. Quand un incident inusité arrive, on se précipite sur les ondes pour affirmer qu'on n'est pas comme ça, que ce n'est pas nous, ça. Nous devons admettre que les choses ont changé et nous résigner à remettre en question cette vieille structure basée sur la charité chrétienne, afin de faire entrer au plus vite ces marginaux sous le régime de la loi. Car seule la loi peut changer le pauvre en citoyen, en nous rappelant que la misère ne tombe pas du ciel, mais qu'elle vient des hommes et de leurs rapports entre eux.

CARNET NOIR : Je demande à Franco si je ne pourrais pas pré-enregistrer ma chronique de la semaine prochaine, car je suis en train d'écrire un petit livre. Ses yeux s'ouvrent grand, comme un enfant à qui on vient de promettre un vélo rouge. Il veut tout de suite savoir de quoi ça parle et à qui c'est destiné. Je l'écris pour un jeune homme qui vient d'arriver à Montréal et qui ne sait pas trop où il est en ce moment. Est-ce que je lui raconte mon aventure ? Pas dans un sens linéaire. Je mitraille en espérant atteindre la cible. Même après quarante ans, j'ignore un grand pan de ce monde plus opaque qu'on ne pourrait le croire. Les gens qui sont nés ici n'en savent pas toujours plus que moi. Je suis arrivé à vingt-trois ans ici, et cela fait quarante ans que je suis au Québec. Je croise beaucoup de gens en ville dont les ancêtres sont arrivés avec Maisonneuve ou Cartier, et qui n'en savent pas plus que moi sur leur société. On ne comprendra pas un pays, même si on y est né, si on ne l'a pas étudié. Ce n'est qu'en écrivant ce petit livre pour Mongo que je réalise que j'avais compris beaucoup de choses de travers. Franco sourit puis fait signe à la réalisatrice de retenir l'équipe technique qui s'apprêtait à partir. On pourra enregistrer la deuxième chronique, ce qui me donnera du temps pour travailler sur le livre de Mongo.

L'IDENTITÉ VOYAGEUSE

L'identité est devenue un fourre-tout. On met dedans plus qu'elle ne peut contenir. L'impression que plus on tente de la définir, plus elle nous échappe. Pendant long-temps, le rapport se faisait avec la psychologie. Dès que quelqu'un semblait avoir perdu ses repères, on diagnos-tiquait une crise d'identité. Pour dire que cet individu ignorait ou faisait semblant d'ignorer qui il est vraiment. Le mot *vraiment* est là pour signaler qu'il existe une défi-nition claire et nette de soi, et qu'on se sentira perdu tant qu'on ne parviendra pas à épouser ladite définition. Bien sûr, l'une des clés du problème serait de savoir qui a établi pareille définition. Disons simplement que l'identité n'est qu'une banale boussole qui permet de trouver le Nord à tout moment, ou de le perdre.

À quoi nous fait penser ce Nord qu'il ne faut pas perdre à tout prix ? C'est un vaste espace glacial, logique et raison-nable. Quelqu'un vient d'un pays chaud et semble aimanté par le Sud qui suggère la chaleur, la spontanéité et une certaine dérive. Cela peut ressembler à un banal cliché, mais ce serait une erreur d'ignorer la puissance du lieu («Le lieu est incontournable», écrivait l'essayiste martiniquais Édouard Glissant). En un mot, les gens qui vivent dans les montagnes sont souvent différents, en termes de caractère, de ceux qui habitent près de la mer. Ces deux espaces, le Nord et le Sud (comme le chaud et le froid), peuvent se côtoyer, mais ce serait folie que de vouloir les mélanger. L'un va toujours chercher à avoir le dessus sur l'autre. L'un doit s'agenouiller devant l'autre. Et comme l'identité, chez l'individu, est trop orgueilleuse pour plier, elle explose.

Franco : J'ai du mal à te suivre ce matin, c'est un peu trop conceptuel pour moi...

Franco me fait toujours le coup de l'ignorant quand il sent que je perds l'auditeur. Il ressent chaque montée ou chaque baisse de tension, et intervient rapidement pour rectifier. Il écoute sa réalisatrice, intervient par une question en apparence anodine, regarde, passe la parole aux autres chroniqueurs qui piaffent pour ajouter leur point de vue, et reste alerte à l'actualité qui ne s'arrête pas, car à tout moment un événement à l'échelle nationale ou internationale peut tout chambarder. La terreur ne prend pas de repos le dimanche. Tout cela est fait avec une nonchalance dont le but est de rassurer l'auditoire qui l'écoute souvent du lit.

Moi : Alors je te raconte une histoire, Franco. Un matin, une jeune femme m'appelle au téléphone pour me raconter son drame. Née dans le Sud et adoptée par une famille du Nord, elle a passé son enfance et son adolescence à éviter de faire des gestes qui débordent du cadre, à restreindre sa nature expansive. Un oiseau aux ailes coupées. Elle ne dansait plus que dans ses rêves. Et même là, on lui faisait remarquer le lendemain qu'elle gesticulait trop dans son sommeil. Ses parents qui l'aimaient pourtant lui disaient qu'elle était *trop*. Trop comment? Trop tout. Elle se diagnostiquait elle-même folle. Puis un jour, sans connaître personne là-bas, elle a pris l'avion en direction d'un pays du Sud. Et dès qu'elle y a mis les pieds, elle était guérie. Comment cela? Eh bien, me dit-elle, les gens parlaient plus fort que moi, dansaient avec ou sans musique, dormaient à n'importe quelle heure du jour ou de la nuit, rien n'était réglé comme ici. Tout débordait. Il m'a fallu réapprendre à déployer mes ailes. Je n'étais pas folle, parce que les autres semblaient plus fous que moi. Je ne savais pas, me disait-elle, qu'il existait un tel lieu. Et que c'était mon lieu d'origine. Elle a conclu qu'il fallait faire attention en déracinant une plante.

Franco : Un arbre?

Moi : Oui, l'être humain est un arbre qui marche... *Racine* est un mot très lourd dans ce débat identitaire, qui peut nous pousser à aller dans un sens ou un autre. Pas toujours fiable, cependant. On croit parfois que l'environnement allié à la culture finit par donner une variété précise de fruits. Pas toujours. J'ai rencontré dernièrement au Sud une autre jeune fille, allergique celle-là au bruit, au débordement, au délire verbal. Et qui n'apprécie que le silence et le calme. À ses yeux, toute discussion doit avoir un but concret et ne pas être animée uniquement par le simple plaisir de bavarder. Le fait, pour elle, de naître dans une pareille société ne peut être qu'un mauvais tour d'un dieu pervers. Elle cherche désespérément le Nord, son unique boussole pour ne pas perdre la raison. Ne pouvant pas voyager, elle ne travaille qu'avec les organismes humanitaires, dont la grande majorité des effectifs viennent du Nord, ce qui lui permet de vivre dans ce qu'elle appelle «un espace raisonnable et respirable».

Franco : Est-ce toujours aussi raide, cette question d'identité ?

Moi : Il arrive parfois, mais c'est rare, que des pays mêmes se trompent sur leur identité. Ils croient qu'ils sont du Nord alors qu'ils sont du Sud, et vice-versa. Ils édifient tout un système complexe qui leur permet d'épouser cette fausse identité. Mais rien n'y fait. Ils vivent à côté de leur essence profonde. Cela peut durer des siècles, jusqu'à ce qu'ils finissent par émigrer un à un vers leur légitime lieu. La famine peut pousser tout un peuple à vouloir vivre dans un nouvel espace. L'identité aussi. On rêve d'une dérive des continents pour nous sauver des identités fixes.

Franco : Je te sens poète sur cette question qui se révèle parfois sanglante.

Moi : On n'éteint pas le feu avec de la gazoline.

Vie de café II

Mongo est arrivé avec une jeune fille dans la petite librairie, à deux pas du café. Je l'ai devinée tout de suite : vive, avec un sourire parfois mystérieux. Elle n'a pas dit un mot, se contentant de feuilleter avec une certaine nonchalance un numéro du magazine littéraire sur Blanchot. Les filles de ce genre sont plutôt entichées de Duras ou de Barthes.

— Oh, le Vieux, je crois que tu confonds avec les années 80, on est en 2015. Aujourd'hui c'est Nelly Arcan ou Angot.

— Catherine, c'est le Vieux, lance Mongo sur un ton joyeux.

Elle me sourit tout en replaçant le magazine dans un sac de toile. C'est le même sac que toutes les filles de son âge portent, juste pour être différentes de leur mère. Qu'est-ce qu'on ne fait pas pour être différente de sa mère.

— Ah oui ?

— Ça veut dire qu'il a essuyé les tempêtes à ma place.

— J'aime bien cette façon de voir les choses, dit Catherine. Si on poursuit ce raisonnement jusqu'au bout, tu n'as même pas besoin de vivre. Ton grand frère l'a fait à ta place.

— Hé, je ne suis pas encore mort!

— Vous n'étiez pas venu à mon collège, il y a trois ans?

Je la regarde plus attentivement, mais aucun signal. J'ai cru que les gens qui vivent dans le même espace finissent par se ressembler. J'ajouterais dans le temps aussi. Ceux qui ont vingt ans en même temps et qui lisent les mêmes bouquins, mangent la même bouffe, vont voir les mêmes films, détestent les mêmes sacs à main, ne fument pas, boivent du thé vert, écoutent les mêmes chanteuses à filet de voix, portent les mêmes sous-vêtements Calvin Klein, ont les mêmes accents et s'exclament de la même façon (trois cris aigus suivis d'un long hurlement) en voyant un chanteur en camisole finissent aussi par se ressembler.

— Quel collège?

— Celui du Vieux-Montréal... Vous étiez convaincant, mais je ne sais pas pourquoi je n'ai rien lu de vous.

— Je n'ai jamais pensé que la terre n'était peuplée que de mes lecteurs... Je trouve ça toujours drôle quand quelqu'un s'excuse de ne pas m'avoir lu. Ce n'est quand même pas une lettre de sa mère à laquelle on a oublié de répondre.

— C'est pourtant l'impression que ça me fait. Je suis toujours gênée de rencontrer un écrivain que je n'ai jamais lu.

— Depuis quand la lecture est une affaire de politesse?... C'est intime! Les gens qui aiment vraiment lire sont jaloux de leur liberté.

— Je ne suis pas d'accord avec toi, glisse Françoise, la libraire. Il y a des gens qui lisent spontanément et cherchent eux-mêmes leurs livres, alors que d'autres ont besoin d'être pris par la main. L'autre jour, une jeune fille est venue ici. Elle cherchait un livre pour sa mère. Lire, pour elle, c'est un truc de vieille tante. Je lui ai mis dans la main un bouquin de Borges.

— Borges!

— Je savais que tu allais réagir, fait Françoise en souriant. Je connais tes goûts. Si je vends de plus en plus Borges, c'est un peu parce que tu en parles dans tes chroniques; en fait, tu en parles partout. Mais ce n'est pas par toi que j'ai connu Borges. J'avais un amant argentin qui ne jurait que par lui. C'est dans mon lit que je l'ai découvert. La jeune fille est passée me remercier ce matin. Elle en a profité pour acheter tout Borges.

— Si tu la revois, dis-lui que je l'invite à prendre un café à côté.

— On va être en retard, dit Catherine en tirant Mongo par le bras.

— Je voulais te présenter le Vieux, dit Mongo.

— Il n'est pas si vieux que ça, rigole Catherine.

— C'est pas une question d'âge, c'est plutôt du fait que...

— Arrête, Mongo, de tout prendre au sérieux, j'avais compris. Tu devrais lui apprendre à baisser la garde un peu. On va voir le dernier Woody Allen.

— On se connaît depuis seulement trois jours et ça fait le quatrième Woody Allen que je vais voir... En a-t-il fait d'autres ?

— Juste assez pour en voir un par semaine pendant plus de six mois.

— Bon, au moins il est mort...

— Il fait encore des films. À l'heure qu'il est, il est sûrement en train d'en tourner un, dis-je.

— On va rater le générique du début, lance Catherine.

— Tu m'as dit que t'as déjà vu le film, fait Mongo.

— Je l'ai vu au moins quinze fois.

— Ces gens sont fous ici, Vieux.

Je les regarde franchir la porte en me rappelant encore une fois mes débuts, me disant que ce garçon est plus rapide que moi. Je suis toujours impressionné par la capacité qu'ont certaines personnes d'apprendre de nouveaux codes et de se mouvoir dans une nouvelle culture. Ils stockent, ils dévorent les êtres et les choses de telle sorte qu'ils deviennent une part d'eux-mêmes.

CARNET NOIR : Petit parallèle entre l'humour et l'accent : l'humour est axé sur le rythme et l'accent sur la musique. Je compare l'accent québécois à l'art contemporain. Ça nous paraît difficile au premier abord, mais quand on s'y habitue on ne peut plus s'en passer, car c'est l'accent de demain. Un peu comme Picasso le fut à ses débuts jusqu'à ce qu'il devienne un classique comme Goya. Mais l'accent québécois fut l'accent des rois de France, donc l'accent régnant. Pour qu'il règne, il faudra que le Québec colonise une grande partie du monde et le lui impose. Pour imposer sa culture, comme sa personnalité, il faut des canons et de l'argent. Si j'ai su qui était Shakespeare à un âge si tendre, c'est parce qu'il m'était impossible de l'ignorer. Les classiques se vendent à un prix si modique qu'aucun pays pauvre ne pourrait rivaliser s'il tentait de faire sa littérature. Si j'ai connu Voltaire avant Roumain, l'écrivain national haïtien, c'est parce que Voltaire se vend à bien meilleur marché que Roumain. Sa renommée m'a atteint avant celle de Roumain. De toute façon, tout le monde a un accent. C'est une musique personnelle. Et l'oreille capte la musique qu'elle entend le plus souvent. Ainsi, parfois, la musique de l'autre devient ma musique. Cette maladie a un nom, je crois. Quant à l'humour, c'est un sous-produit de l'accent. Beaucoup de gags sont liés à la façon de prononcer les mots – du moins leur authenticité.

MONGO EN HIRONDELLE

J'ai pris Mongo à part.

— Où en es-tu avec elle ?

— Je l'ai rencontrée il y a seulement trois jours. Elle lisait au bout du banc. J'attendais un copain qui n'est pas venu. C'est elle qui m'a abordé. Elle m'a tout de suite invité au cinéma – elle va au cinéma chaque jour. Elle m'appelle tout le temps.

— Écoute, ça ne veut rien dire. Elle te trouve sympa, c'est tout.

— C'est tout?

— C'est peut-être plus...

— Et qu'est-ce que je fais?

— Rien.

— J'attends alors?

— Relaxe, Mongo... Jouis du moment. Tu es avec une fille brillante. Calme-toi un peu.

— Me calmer... Tu veux dire de penser à autre chose qu'à ça?

— Exactement.

— Tu peux le faire, toi?

— Non.

On rit.

— Qu'avez-vous à rire ainsi comme des voleurs en cavale? lance Catherine.

— On parle du pays.

— Mais vous n'êtes pas du même pays, que je sache.

— On est du Sud.

— Et alors? dit Catherine.

— On vient tout manger ici... Tout... Les animaux, les voitures, les arbres, les montagnes, la bureaucratie, les immeubles, les vieilles dames, les clés, les clés d'auto, les clés de maison... Ah, les autoroutes! J'ai failli oublier les autoroutes! Tout, je te dis.

— Et ce ne sera pas assez, j'ajoute.

— Heureusement que vous n'êtes que deux, fait Catherine en riant...

— Nous sommes des millions, et on arrive.

Int. Radio. Dimanche matin

Carnet noir : Je développe à la radio, où j'ai une chronique hebdomadaire, des idées que je rumine depuis un moment. J'aime bien mélanger fiction et réflexion, et la radio est parfaite pour ça. J'arrive, chaque dimanche matin, dans cette ambiance chaleureuse – café, fruits, journaux. Lumière tamisée. Des gens entrent et sortent, tout gorgés d'images, de nouvelles du monde. Pendant que les gens dorment encore, on écoute cette rumeur qui vient de partout – de partout, pas toujours, car on entend rarement parler de l'Afrique ou de la Caraïbe, ou même de l'Amérique du Sud, sauf s'il y a un tremblement de terre, une dictature qui s'installe par des coups de feu ou qui s'en va sous les huées d'un peuple épuisé, une banqueroute nationale ou une épidémie d'une maladie qu'on croyait disparue.

D'un autre côté, on va savoir les moindres mouvements de cœur des stars du rock, le moindre centime de la bourse qui monte ou qui descend, et quant au sport n'en parlons pas. La moindre ville d'Amérique du Nord ou d'Europe semble plus importante que le continent africain. Toute nouvelle, même banale, qui vient de Washington, de Paris ou de Berlin, reste plus pertinente qu'un coup d'État militaire au Ghana. Je parle souvent, sans qu'ils en prennent conscience, à des gens de choses minuscules de leur vie sociale ou politique alors qu'ils ignorent des choses essentielles de mon côté. Par exemple : en quelle année Haïti est-elle devenue un pays indépendant ? Ce n'est pas un reproche, car comment voulez-vous qu'ils le sachent si on n'en parle jamais dans les médias ? Ce carnet abrite mes pensées secrètes, celles que je n'ai pas envie de balancer au visage des gens.

MÉFIEZ-VOUS DE LA TRANSPARENCE ET ENCORE PLUS DU MYTHE DE LA FRAÎCHEUR

J'ai l'habitude d'entendre des gens qui viennent d'arriver, surtout des Parisiens, louer la fraîcheur, la modestie et la simplicité des Québécois. Il y a du vrai là-dedans, mais si ce n'était que cela, ce serait le peuple le plus ennuyeux de la planète. Sur quoi se basent-ils, ces nouveaux venus, pour arriver à de telles conclusions ?

J'ai l'impression que cela s'est décidé bien avant leur départ. Un tel préjugé est peut-être dû au fait que les images que nous exportons (les calendriers, les cartes postales, les chansons) sont celles qui glorifient une vie dans la nature – avec bien sûr une cabane au fond des bois, des ours pas loin et Maria Chapdelaine préparant la tourtière. À ajouter aussi la possibilité de fumer le calumet de la paix avec les derniers Indiens (*amérindien* n'est pas assez exotique) du continent. Pour les agences de voyages, les Indiens sont aussi incontournables que les baleines de Tadoussac. Sur le plan sentimental, la fraîcheur se manifeste par cette façon newtonienne de décrire l'attraction vertigineuse de l'amour : « Je tombe en amour ». Les yeux clairs de nos filles, les jambes solides de nos garçons, tout cela nous a fait une réputation de peuple nature, pour ne pas dire immature. Pour finir, nous donnons l'impression d'être des cœurs purs qui ignorent le mensonge. Le pire c'est qu'on commence à y croire aussi.

Chaque année je croise des Français qui me racontent qu'ils ont quitté Paris pour Montréal à cause de cette fraîcheur dans les rapports sociaux, de cette absence de malice qu'on trouve ici. Et quand je leur demande ce qu'ils en pensent dix ans plus tard, ça provoque toujours un long silence. J'en profite pour glisser cette petite question : Qui vous a dit que nous étions sans malice ? Si Paris ne vous plaisait plus, si toute cette lucidité mordante, cette surexcitation intellectuelle, si tout ça ne vous dit plus rien aujourd'hui, ce n'est pas une raison pour inventer un Nouveau Monde qui ressemble plus à une toile du Douanier Rousseau qu'à la réalité. Vous faisiez simplement une overdose de Paris, comme cela arrive à tout habitant d'une mégalopole. Si plus tard vous ressentez un manque de Paris, ne refaites surtout pas le même raisonnement à l'envers. Paris n'a pas changé, Montréal non plus. La première fois, c'est de la naïveté ; la deuxième, c'est de la bêtise.

Franco : Laissons notre Parisien avec son drame du retour au pays natal, et tentons de comprendre comment se manifeste cette « simplicité » québécoise pour un nouveau venu.

Moi : D'abord ces maisons sans rideaux, si bien éclairées qu'on peut voir les gens bouger dans leur intimité.

Il m'arrivait, au tout début de mon séjour, de m'asseoir sur un banc public pour regarder les gens passer d'une pièce à une autre dans leur maison. Ce n'était pas du voyeurisme. J'étais si étonné d'une telle transparence que j'imaginais qu'ils la prolongeaient dans les autres sphères de la vie collective : la politique, les finances, l'amour. J'avais l'impression que les Montréalais avaient pour projet de réduire la vie privée à sa plus simple expression. Vie privée, vie publique, du pareil au même. L'envers comme l'endroit. Les gens semblaient dire : «Vous voyez, je n'ai rien à cacher». Moi qui venais d'un pays où ce qui se passe à l'intérieur ne doit jamais se retrouver à l'extérieur, j'étais ahuri. Un peuple sans vie privée, cela me semblait incroyable! D'ailleurs si vous êtes invité chez des gens, à Montréal, on vous fait faire dès votre arrivée une visite guidée de la maison. De fond en comble. Sous-sol et garage compris. Première observation : on ne peut entreprendre une visite aussi fouillée sans être sûr de l'état de propreté de la maison. Quel est le but d'un pareil strip-tease? Est-ce pour mettre le visiteur à l'aise? Ou pour l'empêcher de jeter des coups d'œil furtifs dans les chambres en allant aux toilettes? Ou cette vieille habitude qui date d'une époque lointaine où il fallait prouver au visiteur que ce n'était pas un guet-apens? Que doit-on penser d'une maison où rien ne traîne? Je me demande ce que pense un Montréalais à qui on ne fait pas faire un tour guidé. Est-ce à ses yeux une insulte? Se demande-t-il ce que cache son hôte dans les placards? On fera un jour une thèse de doctorat là-dessus.

Mais ce déballage n'est pas terminé, car verbalement on se déshabille aussi. On vient à peine de rencontrer quelqu'un et il vous raconte sa vie en détail. On sait, dans la demi-heure qui suit, qu'elle (plus souvent elle que lui) s'est divorcée il y a dix ans parce qu'elle a surpris son mari avec un homme, que cela a été dur, mais que maintenant ils sont les meilleurs amis du monde. En fait, son père l'avait *touchée* alors qu'elle n'était qu'une adolescente, ce qui l'avait dégoûtée des hommes. C'est peut-être ça qui a poussé son mari dans les bras d'un homme. Mais après dix ans de psychanalyse, elle a épousé son psy, qu'elle a trouvé pendu dans le salon l'année dernière. On vous raconte cela avec un sourire qu'on ne sait si de douleur ou de joie. Pour recueillir pareille confidence en Haïti, il faut un minimum de trente ans de complicité sans nuages.

Franco : Et le tutoiement ?

Moi : Le tutoiement de mise qui, croit-on, allège les relations dès le premier moment. Veut-on compresser le temps ? Pour se présenter, on n'a qu'à dire son prénom. Simplement. Des fois trois Jean se retrouvent en face de deux Marc et deux Sylvie. Confusion ? Non, car on ne s'appelle pas par son prénom, mais plutôt en se regardant droit dans les yeux. Pour quelqu'un qui vient d'Europe, où on ne plaisante pas avec la distance commandée par d'intenses rapports de classe établis depuis l'enfance, cela doit être un choc. J'entends l'Européen rentrer chez lui : « Il existe un pays où pour se présenter on n'a qu'à dire son prénom ». Surtout que, pour chaque génération, il y a une dizaine de prénoms pas plus, tous choisis dans le calendrier chrétien (Marie-Soleil, Hélène, Sylvie, François, Réjean, Marc-André, René). Ainsi tout le monde se retrouve sur le même plan, comme dans une peinture naïve.

Franco : Tout ça est assez asphyxiant ?

Moi : Ce désir de transparence peut se révéler étouffant, mais ce n'est pas, comme on pourrait le croire, de la bigoterie. C'est plutôt le projet ambitieux de montrer qu'il est possible d'avoir une morale sans religion.

CARNET NOIR : À la télévision, dernièrement, à Paris, une jeune femme pourtant très vive me demande pourquoi je ne suis pas en Haïti au lieu d'être à Paris. Pourquoi je devrais être en Haïti ? je lui réponds. Parce que c'est votre pays. Mais je n'ai pas de chaînes aux pieds, je ne suis pas un esclave, je vais partout où je veux. Liberté de circulation pour tous. Dans beaucoup de pays, on sait bien que le peuple, surtout les pauvres, est pris en otage. En Occident c'est différent. Si je rencontre un Français à New York, je ne vais pas lui demander pourquoi il n'est pas en France. Il faudrait que je sois un ami intime. Dès qu'on vient d'un pays pauvre, on se fait apostropher par des gens que l'on ne connaît pas. C'est une façon de vous dire que vous pouvez bien être un écrivain célèbre, je peux à tout moment vous rappeler vos origines. Être en Haïti ne veut pas dire grand-chose, car la situation est désastreuse, même quand il y a 10 millions de personnes qui y vivent. Et si le problème c'était d'y être ? Comme on voit aujourd'hui des centaines de milliers de personnes qui quittent leur pays d'origine pour un espace plus sécuritaire pour leur famille. Ce n'est pas le temps de rentrer au pays quand il y a déjà un problème de surpopulation. Bon, la question n'est pas là, elle est dans le fait de ce droit que certains se donnent d'entrer dans l'espace privé d'un autre. Des fois on m'agresse et c'est moi qui ai honte. Ma mère m'a trop bien élevé.

VIE DE CAFÉ III

Mongo est arrivé en sueur au café.

— Qu'est-ce qui se passe ?

— J'ai découvert que le plus grand plaisir de cette ville, ce sont les gens. Alors je marche pour les regarder.

— Les gens ou les filles ?

— Non, tout le monde... Je commence à mettre en application ton conseil.

— Et c'était lequel ?

— Bander mou.

— Je t'ai dit ça ?

— L'autre jour à la librairie... Tu m'as dit qu'il faut faire attention à ne pas voir les choses sous un seul angle. Et depuis je suis au régime. Je trouve ça fascinant. Je rencontre une fille, je lui parle et j'écoute vraiment ce qu'elle me dit.

Je ris.

— Tu te fous de ma gueule?

— Non... Ça m'ouvre l'esprit, mon vieux. Je les trouve plus vives que les mecs, alors tu comprends : je prends mon pied depuis une semaine.

— Et combien de temps comptes-tu durer comme ça?

— On verra...

— Et avec Catherine?

— On s'apprivoise... Sa famille vient du Saguenay. Son frère est encore là-bas. D'ailleurs, elle m'a invité.

— Tu as fait plus de progrès en trois mois que moi en vingt ans.

— C'est normal puisque ça fait exactement vingt ans et trois mois que je suis ici, si j'ajoute ton expérience à la mienne.

Plus tard.

Je viens d'assister à un étrange ballet entre Mongo et Catherine. L'un recule quand l'autre avance. Après son départ, j'ai appris à Mongo qu'il l'avait fait fuir. Il semblait complètement ahuri.

— Elle me souriait.

— D'après moi, il te faudrait un cours sur le sourire aussi. Tu n'as pas remarqué qu'elle reculait chaque fois que tu t'approchais trop près d'elle?

— J'avais l'impression qu'on dansait.

— Elle a failli s'évanouir quand tu lui as pris la main...

— Elle m'a laissé faire.

— Ce qui ne veut pas dire que ça lui plaisait. Tu devrais mieux observer les gens. On ne te fera jamais une remarque directe sur ton comportement.

— C'est hypocrite, ça!

— Pas du tout, mon vieux, c'est une sorte de pudeur ou je ne sais quoi. Les natifs savent endurer jusqu'à ce qu'ils explosent.

— J'ai l'impression d'avoir accumulé une montagne d'erreurs depuis mon arrivée ici. Moi, quand une femme me sourit, j'avance vers elle, même si ce n'est pas dans un but sexuel.

— Dans quel but alors?

— J'aime être proche des femmes. Je me sens protégé. Je suis né d'une jupe.

— Un sourire n'est pas toujours une invitation, ici.

— C'est quoi alors?

— Simplement un sourire... Comme quand on sourit pour une photo. On ne sourit pas forcément au photographe.

— C'était mieux quand je ne savais rien... Quand je crois faire des progrès, je découvre que je reculais déjà.

— Il faut rester vigilant. L'exil est la plus grande école de conduite. On devrait envoyer tous les enfants faire un stage à l'école de l'exil. À ce jour, seuls les damnés de la terre semblent bénéficier de ce cours magistral. Dans cette obligation d'observer attentivement l'autre, on se découvre parfois. En analysant ainsi chacun de ses gestes, cela prend un temps avant de voir qu'on était en face d'un miroir.

— Je risque de me perdre dans cette aventure.

— C'est le risque du voyage, Mongo.

— Je dois te laisser sur ta montagne, espèce de vieux sage.

— C'est ce qu'on devient à passer son temps à boire du café et à regarder un petit carré de ciel par la fenêtre.

CARNET NOIR : Je note pour Mongo (après son départ) : Ne pas oublier que le Québec est un pays de grands espaces. Les gens se tiennent à une certaine distance les uns des autres. Alors que dans certaines villes surpeuplées du Sud, l'espace entre deux personnes peut être aussi mince que du papier fin. Ils finissent toujours par se toucher, et c'est une manière d'être présent l'un à l'autre. Le corps parle. On doit éviter, ici, de même frôler la personne avec qui l'on converse. Son bras, sa cuisse et surtout son sein. Tabou. Si vous voyez qu'elle recule, c'est que vous vous trouvez sur son territoire. Elle continuera à reculer tant que vous avancez. Pourquoi ne vous interdit-elle pas d'avancer ? Ce n'est pas une frontière légale. C'est un simple malaise, comme si elle n'arrivait pas à bien respirer. Si par contre elle vous tolère dans son espace, c'est qu'elle accepte d'entrer dans un nouveau mode de communication avec vous. Enfin, se méfier de ses progrès. On croit qu'il ne s'agit que de calmer certains organes pour découvrir que nos gestes qui nous semblent les plus naturels trouvent leur source dans des régions si intimes que la lumière du jour ne les éclaire pas. C'est comme pour la respiration : on ne peut pas arrêter la mécanique pour l'étudier. La main de Mongo obéit à des ordres secrets. Son corps bouge selon une chorégraphie qui échappe parfois à son contrôle. Je suppose que c'est pareil pour tout le monde, sinon il n'y aurait plus de surprise dans cette damnée vie. Mais certains paient plus cher les accidents de parcours.

Int. Radio. Dimanche matin

Carnet noir : Je me souviens de cette petite télé en noir et blanc avec une antenne qu'il fallait sans cesse bouger pour capter une image moins neigeuse. Je regardais, couché dans mon lit, l'après-midi, des émissions idiotes. Souvent des jeux où l'on pouvait gagner des 45 tours de chanteurs médiocres en répondant à des questions stupides. On envoyait une carte postale avec la réponse et le vendredi l'animateur tirait quelques cartes du lot. On téléphonait à la gagnante (c'était souvent une ménagère) et l'animateur s'arrangeait pour qu'elle gagne. Quelqu'un qui passe ainsi son temps fait une dépression nerveuse ou mijote un roman. Dans mon cas, c'était les deux. J'étais désespéré à temps partiel, car dès que le crépuscule pointait ses couleurs dorées j'étais débordant d'énergie, frémissant, prêt pour les surprises que pouvait me réserver la nuit. J'attendais tout de la prochaine nuit. Je m'habillais, me parfumais, et je sortais avec la détermination d'un parieur qui mise toute sa fortune sur un cheval dont personne ne veut. Un soir, je m'arrête pour regarder debout près de la porte déjà ouverte un reportage sur les personnalités opposées de Pierre Elliott Trudeau et de René Lévesque. Le patricien arrogant et l'enfant chéri du peuple. C'est ainsi que dès le départ on voulait les montrer. Les images dansaient. Pendant parfois plus d'une minute, on voyait les mâchoires s'allonger ou un œil occuper tout l'écran, mais malgré tout c'était fascinant, surtout quand les visages se superposaient pour ne faire qu'un. Pour la première fois, je voulais entendre ce qu'ils disaient, mais je n'avais pas le son sur ma petite télé déglinguée. J'ai envie de les évoquer, ce matin.

LES FRÈRES ENNEMIS

Tu entendras parfois parler de ces personnages, Mongo. Et tu auras l'impression qu'ils sont d'une autre époque. Eh bien non, ils étaient là, dans toute leur force, quand je suis arrivé. Et ils étaient tous les deux chefs incontestés de leur clan. L'un, premier ministre du Québec ; l'autre, du Canada. Et puis voilà que tous les deux sont partis, emportés par le vent dont parlait le poète Rutebeuf. Bien qu'ils continuent plus que quiconque à hanter notre mémoire collective. Il faut bien les nommer : René Lévesque et Pierre Elliott Trudeau. Tous deux fils du Québec. Ils furent premiers ministres en même temps. Riche époque.

On ne peut pas trouver deux hommes aussi dissemblables, et d'une certaine manière aussi proches. Les frères ennemis. On est en droit de se demander si ce sont eux qui ont créé ces deux clans opposés qui se regardent en chiens de faïence depuis un demi-siècle ou si c'est le Québec qui a inventé ces deux personnages afin de jouer au grand jour son drame secret. Est-ce pour éviter que la moitié de la population ne saute à la gorge de l'autre moitié qu'on a choisi de déléguer ces deux personnages, afin qu'ils s'affrontent dans l'arène dans un duel qui continue par-delà la mort ? Si le Québec, dans son choix politique, n'était pas si finement divisé (50/50), il n'y aurait pas eu Trudeau et Lévesque. Bien que la personnalité de ces deux hommes ait joué un rôle important dans cette histoire. Certains ont vu une similitude avec la première scène d'affrontement de deux frères relatée dans la Bible : celle de Caïn et Abel. Le doux serait Lévesque et le cynique, Trudeau. La réalité est, comme toujours, plus complexe.

Lévesque, petite taille, visage ravagé de tics, toujours une cigarette qui lui donne un air de personnage de bande dessinée, toujours en état de surexcitation intellectuelle. Lévesque est un chat de gouttière qui connaît, comme le fond de sa poche, toutes les ruelles de la sensibilité québé-coise. Trudeau, plus grand, sportif, visage impassible de joueur de poker figé dans le marbre, intelligence un peu livresque, mais grand sens du pouvoir, félin toujours en chasse, on dirait un aristocrate qui vient de perdre sa for-tune et à qui il ne reste que cette moue dédaigneuse de starlette contrariée. Où se retrouvent-ils ? Deux tempéra-ments de chef. Lévesque par une certaine humanité. Trudeau, par une animalité certaine. Lévesque vous enve-loppe. Trudeau vous étouffe. Mais les deux vous gardent dans leurs bras. Ils chassent différemment. Si Trudeau cap-ture un cœur pour jouer (un *serial killer*), Lévesque préfère s'y installer à demeure (un *serial lover*). On aime Lévesque pour ses mains qui s'agitent comme des oiseaux autour de son visage quand il parle. On admire Trudeau pour ce côté sportif, insolent, moderne, si on peut oublier cette constante fleur à la boutonnière qui fait décidément trop kitsch.

Je me suis toujours demandé s'ils étaient jaloux l'un de l'autre. Si Lévesque jalousait l'aisance patricienne de

Trudeau. Ou si Trudeau enviait la sympathie populaire que Lévesque s'attirait immanquablement.

À cette époque, le Québec gouvernait le Canada par ses deux fils : Lévesque à Québec, Trudeau à Ottawa. Ces deux hommes symbolisaient les formes de la psyché québécoise. Le « né pour un petit pain » et le « roi du rasoir ». Le modeste et l'insolent. Québec gardait pour lui le pudique René Lévesque et envoyait à Ottawa le flamboyant Pierre Elliott Trudeau. Ce sont en fait les deux faces d'une même médaille. Et Québec aimait René. Mais s'enorgueillissait de voir Pierre s'imposer chez les Anglais, ne cessant de se congratuler que ce soit un fils du Québec qui donne des leçons de savoir-faire aux Anglais. Il fallait voir Trudeau devant un parterre d'Anglaises rougissantes. Et Québec d'applaudir vivement comme une mère qui assiste à une cérémonie où son fils rafle tous les prix. Mais Québec reste convaincu d'avoir gardé à la maison le fils au bon cœur. Il ne faut surtout pas croire que seul le cœur définit Lévesque, son front bombé cache un des esprits les plus subtils de son époque. Malraux dit que tout homme intelligent qui n'a pas de cœur est appelé à devenir un fasciste. Lévesque avait les deux.

Pourtant il y a des ressemblances au cœur même de cette divergence. Ils font la même chose, mais dans deux directions opposées. L'un est un fédéraliste acharné. L'autre, un indépendantiste passionné. Comme si le Québec, avec son penchant créditiste, n'avait pas voulu placer tous ses sous à la même caisse d'épargne.

Mais Lévesque avait ses petites ruses aussi. Quand il faisait ses discours, on aurait dit un texte populaire traversé par un joual au galop. Ce n'est que le lendemain, en lisant le même discours dans le journal, qu'on découvrait un Lévesque presque précieux à force de fourbir la métaphore. Lévesque était intéressé par le style rapide et efficace du journalisme, ce qui ne l'empêchait pas, bien sûr, de lorgner quelque chose de plus noble. Trudeau, lui, émaillait ses discours de citations classiques (de Baudelaire à Plotin), ce qui lui donnait parfois un air de nouveau riche intellectuel. Lévesque obéissait à une vieille règle de l'élégance qui recommandait de cacher sa manière pour donner au lecteur une impression de naturel. À quelqu'un qui le complimentait pour sa tenue, Brummell répondit : « Si vous l'avez remarquée, c'est que c'est mauvais ». Sur la question de l'élégance vestimentaire, Lévesque, toujours chiffonné, brillait surtout par une certaine nonchalance qui donnait du style à ses vêtements mal coupés. J'ai toujours trouvé étonnant que Trudeau soit si ostentatoire dans sa manière de s'habiller, m'attendant à ce qu'il soit moins suranné (chapeau, cape). Il avait parfois cette allure de jeune homme de la ville qui entend séduire, par un étonnant mélange de raffinement et de goujaterie, cette paysanne à la bamboula du village.

Mais il y a un point où leurs personnalités se croisent. Lévesque ressemblant à Trudeau, et Trudeau à Lévesque. En privé, personne n'osait appeler Lévesque autrement que « Monsieur Lévesque ». Et tout le monde donnait du « Pierre » à Trudeau. Tandis que dans la rue n'importe qui pouvait apostropher Lévesque : « Hé, Ti-Poil ! » Mais c'était toujours « Monsieur Trudeau ». Une époque où, malgré tout, on savait à quel jeu chacun jouait. La seule image qui ne soit pas télévisuelle que j'ai d'eux, c'est Trudeau faisant la queue pour se faire signer un livre de Lévesque.

Vie de café IV

Carnet noir : Je suis mélancolique ce matin. Un sentiment assez rare chez moi, sachant que je n'ai pas les moyens de telles émotions. Je ne peux pas rêver de rentrer dans mon pays. C'est à mes yeux une chose impossible, et pas pour des raisons politiques. Je m'étonne toujours de ceux qui vivent avec le rêve du retour, croyant qu'ils peuvent le planifier. L'être humain n'est pas une machine qui se déplace sur des roues. Le corps est un arbre irrigué par des émotions, et elles sont si enchevêtrées qu'on n'arrivera jamais à les démêler. Les émotions nous viennent de tant de sources diverses, invisibles parfois, au point de sentir une étreinte au cœur sans en savoir la source. La politique, les classes sociales, l'idéologie occupent une place importante dans notre vie, mais assurément pas toute la place. On peut ne pas pouvoir quitter un lieu parce qu'une odeur ou une couleur nous retient dans les filets soyeux de sa séduction. Pour ma part, ce n'est pas une chose concrète, mais un sentiment qui me retient ici. Une fois, revenant de New York après un mois, et traversant le pont en voiture, j'ai eu le sentiment que ce n'était pas moi qui roulais vers la ville, mais Montréal qui venait dans ma direction.

Mongo s'est installé en face de moi avant que j'aie eu le temps de lui offrir un siège.

— Ça ne se fait pas, Mongo...

— De quoi parles-tu?

— Tu ne peux pas arriver comme ça... Peut-être que la place était réservée à quelqu'un d'autre. J'attends peut-être, je ne sais pas moi, une fille.

— Pourquoi ne pas le dire?

— C'est quelque chose que tout le monde sait. On ne s'impose pas comme ça aux gens.

— Je ne comprends pas, Vieux, je m'assois toujours ici pour bavarder avec toi.

— Et si je ne voulais pas, aujourd'hui? Il faut toujours s'assurer que l'autre est d'accord avec nous, surtout quand il est impliqué. C'est la base, ici. On ne te dira rien, Mongo.

En fait, cette histoire d'une éducation de base, cet ensemble de codes de savoir-vivre que tout le monde devrait connaître est une sorte d'injustice. Chaque pays a ses codes et parfois c'est lié à sa situation sanitaire. Haïti possède les règles les plus strictes en matière d'hygiène, sinon les épidémies se suivraient. Et Port-au-Prince n'existerait plus depuis longtemps. Les aliments sont toujours très cuits, surtout la viande. On ne replonge jamais une cuillère qu'on a portée à sa bouche dans un pot-au-feu, sous peine de voir ses invités refuser le repas. On ne partage pas sa brosse à dents, même avec son mari. On ne vous explique jamais la raison de telles règles. Quand on arrive au Québec, on s'étonne que les gens ne lavent le riz à l'eau froide ou la viande à l'eau chaude avant de l'assaisonner.

Vous me direz que ce n'est pas ce qu'on entend par éducation, eh bien oui. Vu la situation économique difficile, on est obligé de manger en groupe, les manières de table et la façon de cuisiner concernent tout le monde. Imagine mon effarement de voir tout ça voler en mille morceaux en arrivant au Québec. Ce n'est pas que les gens ne sont pas éduqués, c'est qu'ils ne mettent pas l'accent sur ces points-là. Le Québec n'a pas, comme Haïti ou le Cameroun, de problème sanitaire.

Ce qui m'avait étonné, c'est l'aspect aléatoire du bonjour. Le bonjour en Haïti est un ticket d'entrée dans la journée. Du temps que je vivais en Haïti, il était impardonnable de croiser quelqu'un le matin sans lui dire bonjour. Vous entrez dans un magasin, si vous ne dites pas bonjour, personne ne bouge pour vous servir. Le bonjour démocratise les rapports. Si vous ne dites pas bonjour, on vous considère comme un arrogant qui n'hésite pas à briser la cohésion sociale. Alors on ne vous signale pas un obstacle. S'il y a un trou dans le plancher, on ne vous avertit pas et vous risquez de vous briser la cheville. Vous ne faites plus partie du groupe et vous ne bénéficiez d'aucune protection. Un riche qui dit bonjour avec chaleur retrouve immédiatement sa place dans le groupe. Ce n'est pas aléatoire, on ne dit pas bonjour quand on le veut, on le dit toujours.

C'est un code que j'ai cru universel.

Il arrive qu'au Québec on dise bonjour à la fin d'une rencontre. On croit aussi, dans certains milieux anarchistes, que dire bonjour serait faire trop de concessions à l'esprit bourgeois. Certains jeunes ne sont tout simplement pas au courant de ce code. Les sociétés qui pratiquent le bonjour croient que cela fait partie du bagage universel. De même que celui de ne pas s'asseoir à la table de quelqu'un sans avoir été prié de le faire.

— Tu veux que je parte? Tu attends quelqu'un? fait Mongo avec un visage fermé.

— Ne te fâche pas, Mongo. Tu verras comme c'est excitant de comparer les cultures. Tu passeras d'une culture à une autre sans transition. Ça relativise les choses. Et c'est là qu'on voit combien c'est bête de croire qu'il n'y a qu'une façon de voir le monde. Ce qui ne veut nullement dire que tout est égal, ni qu'on n'a pas d'attaches particulières...

— Tu ne vas pas faire une chronique, là... Je viens de t'écouter à la radio sur Lévesque et Trudeau. J'en avais entendu parler, mais pas comme ça. En fait, personne ne les mélange comme tu as fait. On les oppose souvent.

— Je ne savais pas que tu les connaissais. Tu vas plus vite que moi au début.

— Mon oncle m'a tout de suite appelé pour me dire que tu cherches des noises. Les gens, paraît-il, ne plaisantent pas avec ces choses. Remarque, je n'ai rien vu d'insultant dans ce que tu as dit.

— Ton oncle a raison. On ne plaisante pas avec ces sujets, ici. Dans n'importe quel pays non plus. Lévesque est aimé ici. Trudeau est officiellement détesté. Ce sont des cartes repérables dans le noir. Je soupçonne que ceux qui détestent Trudeau ont une bonne raison de le faire...

— Ah oui...

— Il avait envoyé l'armée au Québec en octobre 70. Il y a eu un ministre mort, ce qui est très grave. Mais ça ne se fait pas, on n'envoie pas l'armée chez soi. On ne lui a jamais pardonné cette faute.

— Tu ne l'as pas dit, ça.

— Non, je ne voulais pas que ça fasse écran à ce que j'avais à dire. Tu sais, il y a des choses qui contaminent tout ce qu'on veut exprimer. Dès que c'est là, on ne voit plus que ça.

— Donc, on ne peut pas dire ce qu'on veut, ici. C'est pas trop différent de chez moi, alors.

— Pas si vite... On ne met personne en prison ici pour ses opinions.

— Alors de quoi as-tu peur?

— Je n'ai peur de personne... Je veux simplement t'expliquer comment ça se passe. On pratique l'exil social... Si tu dis quelque chose de différent, tu deviens immédiatement invisible. Les gens te croisent dans les festivals, dans les soirées, et font semblant de ne pas te voir. Des gens que tu connais très bien...

— Je ne vais pas dans les réceptions, moi... Et je ne connais personne ici. Donc je peux parler librement.

— Oui, mais ça ne compte pas. Ça dépend toujours de qui tu parles. Tu vois, dans le courrier des lecteurs, tu peux tout dire, mais si tu as un nom, ce n'est pas conseillé. Enfin, tu peux le faire, mais faut t'attendre à des représailles.

— Quel genre?

— Le vide autour de soi.

— Chez moi, quand on dit quelque chose qui ne fait pas l'affaire du pouvoir, on te trouve où que tu te caches... Ici, on ne te voit plus même si tu te montres au grand jour. Je préfère de loin ici.

— Chacune des manières a ses inconvénients. Enfin, tu verras...

— Tu ne vas quand même pas comparer la prison avec le fait de manger des petits fours seul dans ton coin...

— Bon, tu veux un café?

— Avec un sandwich si possible.

CARNET NOIR : Je suis passé à la Librairie du Square. Foglia était là. Il discutait avec Françoise, la libraire. On s'est frôlés sans se parler. Je lui ai demandé s'il avait lu le bouquin que je lui avais recommandé. Lequel? *La pêche à la truite en Amérique* de Brautigan. Oui, mais il n'aime pas. C'est pourtant le genre de bouquin que je le verrais bien écrire. Plein de tendresses et de sourires en coin. Mais Foglia vous file entre les doigts comme une truite. Là, en personne, il m'apparaît différent du chroniqueur ironique de certains matins. Sensible et attentif, il l'est aussi, mais pas chaque matin. Grognon parfois, mais au moment où l'on s'y attend le moins un sourire désarmant de candeur éclaire ce long visage anguleux. Je ne sais pas si c'est parce qu'il a eu des chats, qu'il vit à la campagne, ou qu'il peste parfois contre le progrès galopant et souvent inutile, mais il me fait penser à Léautaud. Il a emprunté des tics d'écriture à Vialatte, mais quand il est lui-même il se rapproche plutôt de Léautaud par cette manière si spontanée qu'on doute qu'il travaille sa page. Sa technique, il la résume de manière simple : Je ne cherche pas à bien écrire. Vrai pour le contenu, faux pour le style. Il trouve son sujet et y va le plus brutalement possible. Après il faut tailler le diamant de façon à ce qu'il puisse garder son aspect brut – la moindre erreur est fatale. Miller, Bukowski, Hemingway sont à l'origine de ce style qui évite les circonvolutions. Mais il y a un autre ingrédient dans les chroniques de Foglia : son esprit. Un esprit aigu, rapide. Et un humour particulier : il ne cherche pas à faire rire par une anecdote ou un jeu de mots. Il fait rire parce qu'il se tient à un angle inédit. Le lecteur a l'impression que personne ne regarde les choses comme Foglia. C'est pourquoi il attend parfois son commentaire, pas parce qu'il va dire des choses plus brillantes que les autres, mais parce qu'on n'a pas encore expliqué l'événement à partir de cet angle. L'angle Foglia. Pour ce lecteur, on n'a pas encore fait le tour de la question. Une dernière chose qui l'impose à ce point à son lectorat, c'est sa longévité. Pas beaucoup de gens ont duré à ce point. La plupart de ses lecteurs ont commencé à lire le journal parce que leur père riait au petit-déjeuner en lisant Foglia. Ils ont reçu le chroniqueur en héritage. Ce n'est pas étonnant qu'il soit pour certains aussi indispensable que le téléphone ou le café du matin. Je quitte la librairie en faisant un signe discret à Françoise en train de rendre la monnaie à Foglia.

Vie de Café V

J'arrive au café pour trouver Mongo et Catherine en pleine discussion. Je m'installe à côté avec mon journal. On m'apporte un café chaud. Cette planète peut rouler comme elle veut, du moment que j'ai mon café.

Ce qui m'intéresse dans la discussion entre Catherine et Mongo, ce n'est pas le sujet (je n'écoute pas d'ailleurs), mais le ton. On sent quelque chose d'autre derrière cette agressivité.

Je vais aux toilettes. Mongo me suit.

— Elle est venue dans mon appartement hier soir. J'ai fait à manger, elle a adoré. Elle mange plus épicé que moi. C'est une Africaine, je te dis.

— Elle mange épicé, ça ne fait pas d'elle une Africaine... Vous vous fâchez quand on dit la moindre chose à propos de vous, mais en fait, vous êtes les plus grands producteurs de clichés sur l'Afrique.

— O.K., elle n'est pas africaine. Après, on est allés danser au Balattou. J'avais rendez-vous avec un ami.

— Pas de drogue, sinon je te laisse tomber !

Il rit.

— C'est pas de la drogue. On vend des grigris.

— À qui ?

Il rit de nouveau.

— À des étudiantes. Les gens ici croient tout ce qu'on leur raconte.

— Ils te donnent le bénéfice du doute, mais s'ils découvrent que tu as menti, c'est fini.

— Chez moi, rien n'est définitif... On sait que tout le monde ment. On n'est jamais déçu... Ça donne froid dans le dos de savoir qu'on est rayé à cause d'un seul mensonge. Laisse-moi finir mon histoire, Vieux. On rentre se coucher, on s'embrasse un moment, on se déshabille et elle refuse de faire l'amour.

— Tu t'arrêtes, j'espère.

— J'étais sur une pente. On ne peut remonter une pente comme ça. Elle dit : « Arrête, je te dis d'arrêter » sur un ton, comme si j'étais son pire ennemi.

— Et tu t'es arrêté, je suppose.

— Oui. Je me suis arrêté. J'ai réfléchi un peu pour comprendre ce qui s'est passé, puis je me suis endormi. Ce matin, je l'ai sentie me caresser. Je ne me suis pas réveillé. Elle a continué jusqu'à ce que j'aie un orgasme. Je ne sais pas si c'est parce qu'elle s'était refusée à moi, mais c'était un orgasme vraiment puissant. Puis elle est montée sur moi, et a eu plusieurs orgasmes d'affilée. C'est de ça qu'on discutait tout à l'heure.

— Tu pouvais lui dire que tu ne voulais pas faire l'amour.

Mongo fait un saut en arrière.

— Ça ne se fait pas... On ne dit pas ça à une femme.

— Tu fais ce que tu veux, mais si elle dit «arrête», tu t'arrêtes pile.

— Je ne suis pas une machine.

— C'est ton problème.

Je suis sorti des toilettes en laissant Mongo perplexe au milieu de la pièce.

Int. Radio. Dimanche matin

CARNET NOIR : J'arrive à la radio. La même petite bande autour de Franco. Des philosophes du dimanche. On ne se prend pas trop au sérieux, ici. On rit souvent. Mon sujet est délicat aujourd'hui. Je risque de me faire étriller par les auditeurs. Ils sont assez surprenants : un jour ils se fâchent pour une vétille, un autre jour ils laissent passer un gros poisson. On a l'impression de marcher sur la corde raide quand on parle en public. On croit que tout est dit et bien dit, on sort en sifflotant. Et dehors, le débat fait rage. Un côté nous défend, et l'autre nous matraque. Pour quelle raison ? Un tabou a été bousculé sans qu'on fasse attention. On répond naïvement à une question sur la race, la classe, la religion, l'indépendance, la langue, l'immigration, l'accent. Y a-t-il une zone franche ? Le reste du monde. Parce que tous ces thèmes ne regardent que le Québec. Disons-le plus clairement : il ne s'agit pas de langue, de religion ou d'accent en général. Mais de langue québécoise : le rapport entre le joual et le français d'une part, et entre le français et l'anglais d'autre part. À noter que la bataille contre l'anglais se fait sur deux fronts : on se sent attaqué par le Canada anglais et trahi par la France. De religion québécoise : on n'est plus religieux depuis la Révolution tranquille, mais dès qu'une autre religion s'approche, on devient catholique radical. D'accent québécois : l'accent est un sujet qui provoque un affrontement annuel entre le Québec et la France, disons chaque fois qu'à la radio ou à la télé française on se moque de notre accent. On croit que ça ne fait pas mal si on se moque de l'accent congolais ou haïtien. L'accent de l'autre est un sujet de plaisanterie depuis la nuit des temps. Il permet de discriminer quelqu'un même par téléphone. Franco me fait signe qu'après la chanson ce sera mon tour. On se fige comme un sprinter avant le coup de feu.

DISCRIMINATION POSITIVE

D'abord l'expression fait un peu peur parce qu'elle semble antidémocratique. Toute discrimination est par nature antidémocratique. Il y a là une sorte de provocation de la part de l'État de vouloir répartir les choses un peu plus équitablement. D'où, peut-être, cette réticence populaire face à une aussi étrange expression. Il faut comprendre aussi ce que cela exige de changements dans la société.

L'organisme social est sensible, on le sait, à tout nouveau corps. On se souvient de la rage qu'avait provoquée le simple mot *féminisme* – et ce n'est pas encore fini. On se rappelle la tonne de quolibets qu'ont dû subir les végétariens pour avoir osé préférer le poisson au bœuf. Et comment ils ont dû s'expliquer à chaque repas.

Alors pourquoi je défends aujourd'hui cette expression qui fait hérisser les cheveux de beaucoup d'honnêtes gens ?

Eh bien parce qu'elle cache une autre discrimination si répandue qu'elle s'est complètement diluée dans la société jusqu'à n'avoir plus de nom: la discrimination négative. Ou tout simplement la discrimination.

Cette forme de discrimination, la négative, ne s'adresse qu'à la conscience individuelle. Car personne ne peut vous obliger à aimer votre voisin. L'État ne peut pas vous obliger à partager quelque chose avec lui, sauf par le biais de l'impôt, ce qui est un beau morceau tout de même (mais 40 % des gens regardent ailleurs quand l'État passe le chapeau, ce qui n'aide pas à la répartition des richesses). Pour le reste: vous êtes libre, du moment que vous ne contrevenez pas à la loi.

Vous n'êtes pas libre de dire à un chauffeur de taxi que vous ne le voulez pas parce qu'il est noir. Mais vous êtes libre de prendre le taxi que vous voulez. Et vous êtes libre de quitter un quartier qui vous semble brusquement trop coloré ou animé. Vous êtes libre de refuser un emploi à quelqu'un si vous lui donnez, avec un sourire, une raison qui ne défie pas la loi. Si vous ne voulez pas de la nouvelle direction que prend la collectivité, vous êtes libre de quitter subtilement les rangs. De protester silencieusement en oubliant la courtoisie quand celui que vous ne tolérez pas s'approche de vous – et beaucoup ne s'en privent pas. Et cela s'appelle la discrimination négative.

Et c'est un poison qui court dans les veines de la société. Je dis poison parce que tout ce qui ne suggère pas un enthousiasme va vers une sûre autodestruction. Quand le corps social devient trop pesant, aucun progrès n'est possible. Et tout le monde se trouve ainsi pénalisé au bout du compte.

Ce qui est terrible, c'est que cette discrimination trouve, quotidiennement, de multiples raisons pour s'exercer, et elle ne concerne pas uniquement la race : rien n'est pire que la haine du semblable.

On peut refuser quelqu'un pour son odeur, sa couleur (avec des variantes comme la couleur des cheveux – on fait souvent la vie dure aux roux), son sexe ou son amour du sexe (Claudel parle de «cette haine contre ceux qui jouissent»), sa religion, son accent (je parle, il *perle*), sa classe sociale. Il y a mille raisons pour refuser quelqu'un. En fait, le problème vient de celui qui refuse. C'est qu'il a mal quelque part. Je suis sûr qu'un homme heureux ne passe pas son temps à écraser plus petit que lui. Mais comment l'aider s'il ne veut pas montrer son visage ?

On serait d'ailleurs étonné de voir qu'il ressemble à quelqu'un de poli, de souriant et d'ordinaire. Et c'est ainsi que la société gangrenée par un tel mal succombe à la sinistrose. Le ciel devient gris en plein été. Cela crée un malaise social dont l'antidote pourrait être la discrimination positive. Et seul l'État peut l'injecter dans le corps social. Car si l'État ne prend pas la défense de tous ceux qui se font écarter subtilement, et avec un sourire, du grand partage social, la démocratie elle-même s'en trouverait en danger. Le déséquilibre serait trop grand.

L'État l'a déjà fait pour que les femmes puissent entrer à l'université – je ne minimise aucunement la longue lutte des femmes. Et aujourd'hui, c'est toute la société qui bénéficie d'un tel succès. Vous imaginez sur combien de roues le grand moteur intellectuel a dû rouler quand les femmes (la moitié des roues) n'étaient pas encore admises dans les universités ? Rappelez-vous la tonne de bêtises qu'osaient certains philosophes à propos d'elles. Et qui était contre l'entrée des femmes à l'université? Parfois les propres parents de ces femmes. Les femmes à l'université, disait ce père, c'est de l'argent gaspillé.

Franco: C'est étrange, on parle de discrimination positive comme de la dernière forme de discrimination?

Moi: S'il n'y avait que cette discrimination, on aurait déjà résolu le problème. Mais il y a une autre discrimination, plus subtile encore et qui se fait en faveur des nantis. Et elle est courante. Elle comprend le népotisme, les réseaux de petits amis, les clubs privés, les ramifications de cousins, les amis influents, les enfants de ses amis, et ceux qui nous ressemblent et qui doivent passer avant tous ceux, nombreux, qui ne nous ressemblent pas. Cette discrimination terrible n'a pas besoin de l'aide de l'État. Elle se fait sur son dos, d'ailleurs. C'est l'État qui paie à la fin, puisque ces gens ne paient presque pas d'impôt.

Franco: Dans les commandites et ailleurs?

Moi: Tu n'as pas remarqué que le groupe épinglé dans l'affaire des commandites était composé en grande partie d'hommes appartenant au même réseau, et ayant presque la même coupe de cheveux (à part le chapeauté) et la même texture de peau, presque le même âge (à part le fils)? Pas une femme, pas un Noir, pas un Japonais. J'ai l'impression que leur erreur, c'est de n'avoir pas assez diversifié la texture de la laine (*gang de bureau* comme on dit *gang de rue*). Il aurait fallu intégrer d'autres gens, ne serait-ce que pour garder sous la main des boucs émissaires. Mais ils veulent rester entre eux. L'argent égare et fait perdre le sens des choses. Se garder toujours une porte de sortie. Est-ce pourquoi l'État doit venir au secours de ceux qui n'ont pas de «parrain»? Dans ce milieu, le silence est d'or. Mais ce n'est pas l'or qui nous tuera, c'est le silence.

Vie de café VI

Carnet noir : Catherine semble de mauvaise humeur ce matin. Les cheveux cachant l'œil gauche. Ongles rouges. Elle s'est assise en face de moi. La serveuse observe la scène en faisant semblant de nettoyer le comptoir. Quand on fréquente un café assidûment, le personnel et les clients réguliers finissent par connaître vos habitudes. Du moins dans la tranche du jour que vous partagez avec eux. Ici on sait tout de ma vie entre 9 h et 11 h 30 (lundi, mercredi, vendredi, les matins d'écriture, et dimanche, jour de radio). J'ai mes habitudes. Moi qui croyais vivre dans la surprise perpétuelle. Je développe certaines habitudes sans le savoir. La serveuse sait quand m'apporter le troisième café. Je me souviens qu'à Port-au-Prince, je rêvais d'aller au café, de m'asseoir à une terrasse pour siroter un verre de vin en regardant passer les gens ou en causant avec une jeune fille. C'était cela, pour moi, la révolution.

Catherine repousse la mèche de cheveux noirs pour dégager son visage, c'est qu'elle va parler.

— Il n'a aucune considération pour moi.

Je laisse passer un moment. Rien ne presse. Je n'ai aucune prise sur la vie au-dehors. Dans ce café, je ralentis le rythme.

— Qu'est-ce qui te fait dire cela ?

— Ses copains sont arrivés au moment où on sortait. Ils lui ont demandé ce qu'il faisait et il a eu le toupet de se rasseoir sans même me regarder.

— Je te comprends, mais il ne pouvait pas faire autrement. Dans sa culture, il faut constamment prendre des gants avec les gens...

— Ils étaient passés à l'improviste...

— Dans le village, il n'y a pas le téléphone...

— Ne me fais pas le coup du village, toi aussi... Ici il y a le téléphone... Et puis chez lui, au Cameroun, il avait le téléphone.

Je ris. Elle aussi.

— À quoi sert le téléphone si on habite la même ville ? C'est fait pour parler à ceux qui vivent à l'autre bout du monde...

— Il passe des heures avec le Cameroun... C'est là que s'en va tout son fric. Comme il ne travaille pas, ça ne va pas durer trop longtemps... J'ai beau essayer, mais je ne pige rien à ce qu'ils disent. Pourtant je suis assez douée pour les langues.

— C'est qu'on parle près de 250 langues au Cameroun.

— Tu veux dire de dialectes.

— Je parle de langues. Pour les dialectes c'est 400.

Je rigole un peu, mais elle est si hors d'elle qu'elle ne capte rien.

— C'est fou! Nous, ici, on n'y arrive pas avec deux langues.

— C'est un autre problème.

— Pourquoi font-ils semblant que je n'existe pas alors qu'ils parlent tous français?

— Quand on est dans son appartement, ce n'est plus Montréal, mais Yaoundé.

— Ah oui? C'est pas une ambassade, que je sache... Je ne dis pas quand il est sous sa douche, mais en public on est tenu de parler la langue que tout le monde comprend.

— Il est chez lui... Ils sont en majorité dans la pièce.

— Je suis là aussi et je suis sa blonde.

— Pas devant ses copains.

— Je ne comprends pas: je ne suis pas sa blonde devant ses copains?

— Tout le monde fait des concessions. Quand tu ne veux pas faire l'amour avec lui, comment ça se passe?

— Je lui dis « arrête ».

— Il fait quoi?

— Il s'arrête.

— Il ne comprend pas pourquoi tu fais surtout ça quand il est bandé comme un cerf de Virginie, mais il respecte ta décision... Là c'est toi qui ne comprends pas.

— Je ne vois pas comment on peut comparer ces deux choses.

— Mais avec ses copains il ne peut pas faire autrement, il retrouve sa culture... Tu sais, une langue maternelle, c'est une façon de respirer. Dès qu'il sort de l'appartement, il devient un autre qui passe son temps à décoder un univers très complexe. Ça le rend nerveux. Toujours tendu. Les gens dans la rue ne s'arrêtent pas de vivre pour lui expliquer les règles. Ils ne le voient même pas. Et lui, il circule dans la ville comme une épave sur l'océan.

— Je sais tout ça, mais moi je ne suis pas un ensemble de codes... Je veux juste en parler à quelqu'un, avoir une relation saine avec mon amoureux.

— Dis-lui ça, ce serait un bon début. Il ne sait pas que tu es amoureuse de lui. On peut se parler, si tu veux. Tu ne veux pas un café ?

— Non, j'ai rendez-vous avec ma prof.

— Pour ta thèse ?

— Oui.

— Sur quoi ?

— Je ne peux pas te le dire maintenant... C'est de cela que je vais discuter avec elle. Je vais lui proposer de changer de sujet... Bon, là faut que je parte.

— Reviens quand tu veux.

Elle a le dos un peu plus raide que d'habitude.

CARNET NOIR : Je reste au café à écrire ma lettre de Chine. J'ai envie de me mettre à la place d'un milliard de gens. On se sent moins seul. C'est Malraux qui m'a fait découvrir Mao. Il est allé le rencontrer à Pékin (on disait Pékin à l'époque) et au lieu de raconter la rencontre comme un journaliste, il l'a fait comme un écrivain. Ceux qui avaient pris des notes lors de la rencontre se sont demandé s'ils avaient assisté à un autre événement. En fait, c'est la relation de Malraux qui est la meilleure. Il a vu et entendu autre chose que ce qu'on nous donnait à voir et à entendre. C'est ce que j'ai toujours rêvé de faire, mais je ne suis pas ce jeune homme brillant qui a écrit en 1933, à trente-deux ans, *La Condition humaine* (l'âge que j'avais à la publication de mon premier roman). Je n'ai jamais hésité à déformer les faits pour leur faire rendre tout leur jus. Si vous restez collé à ce que la réalité veut bien vous montrer, vous ne saurez jamais ce qu'elle cache dans son ventre. Il faut savoir la retourner comme un gant. La réalité est une pure construction de l'esprit. On nous a toujours fait croire que la Chine nous était totalement inconnue alors que nous sommes plus inconnus de la Chine que la Chine ne l'est de nous.

Int. Radio. Dimanche matin

Lettre de la Chine

Cher Occident,

Enfin nous voilà face à face. Vous avez toujours vu en moi un dragon de carton fait pour amuser vos enfants. Et vous n'avez jamais pensé que cette image venait de moi et qu'elle tendait à vous endormir. L'idée du sommeil est la clé de cette guerre si ancienne qu'elle date d'avant Marco Polo, mais vous l'ignoriez. De ce Marco Polo que nous vous avions renvoyé tout gonflé de fables. Car on ne voit en Chine que ce que la Chine veut bien vous montrer. Ces fables vous ont tant drogué que vous m'avez cru assoupie. Combien de livres furent publiés, chez vous, pour espérer mon réveil : « Quand la Chine s'éveillera, le monde tremblera », dites-vous. Le féminin vous a trompé et vous m'avez pris pour la Belle au bois dormant au fond d'une de ces forêts enchantées qui n'existent que dans les rêves des enfants. Revenons à la réalité. D'où tenez-vous ces informations ? De vos missionnaires qui vous ont fait croire que les petits Chinois étaient à vendre. Combien étaient-ils, de petits Chinois à vendre ? Vous n'avez aucune idée, car leur nombre vous aurait donné le vertige.

Mais pendant que vos missionnaires cantonnés dans des villages vous renseignaient faussement, car la plupart d'entre eux étaient devenus des moines bouddhistes, nos missionnaires à nous s'étaient infiltrés partout en Occident. Depuis des siècles, pas une petite ville de chez vous qui n'a pas sa blanchisserie et son restaurant chinois. Le Chinois était vite devenu cette figure folklorique dont l'accent et les yeux bridés amusaient vos enfants dans les bandes dessinées. Vous vous êtes seulement demandé combien nous étions chez vous ? Votre ignorance venait du fait que nous n'étions pour vous que Le Chinois. Et rien n'est plus facile à confondre qu'un Chinois avec un autre Chinois dans un quartier chinois. Nos visages étaient les mêmes pour vous, nos noms se ressemblaient, notre langue vous est encore incompréhensible, même après des siècles de cohabitation. Et vos agents d'immigration n'arrivent pas à distinguer Lin Liao de Lin Dao ou Dao Lin. Nous entrons et sortons de chez vous comme nous voulons – par ce tunnel sous nos restaurants qui relie Montréal à Shanghai, ou Paris à Pékin, ou Berlin à Canton. Ce sont là des mythologies dont vous vous êtes enivré au fil du temps. Il est vrai que pendant des siècles nous n'avons été pour vous que le cuisinier, le blanchisseur et l'ouvrier du chemin de fer. Et nos agents dormants ne se sont jamais immiscés dans les affaires politiques des pays où ils sont en observation. En parlant de langue et de culture, nous apprenons péniblement les vôtres, mais pour vous tout ce qui nous concerne ne peut être que chinoiserie. Cela fait notre affaire, car vous devez savoir aujourd'hui que nous sommes un peuple patient et secret. Sous votre nez, nous avions préparé la plus étonnante ouverture de Jeux olympiques qui doit faire pâlir vos meilleures fêtes. Vous avez un seul Robert Lepage, nous en avons des milliers. C'est pour ne pas être prétentieux que nous ne disons pas des millions. Question de nombre. Nous savons aussi qu'à partir d'un certain chiffre vous avez le vertige. Votre saison d'explosion démographique n'a pas duré assez longtemps. Après trois millions de naissances, vous avez été si effaré que cela vous a poussé tête baissée vers le divorce, la pilule, l'avortement. Par contre, vous me jugez d'employer une manière brutale pour un même résultat quand j'ai atteint le milliard et qu'il me fallait arrêter l'hémorragie. Vous êtes prompts à juger les autres, et vifs à fermer les yeux sur vos difficultés. Les États-Unis ont bombardé l'Irak depuis quelques années, sous le faux prétexte d'une arme de destruction massive qui s'y cache, et vous me cherchez des poux pour quelques étudiants emprisonnés ou quelques écrivains torturés ou quelques Tibétains tués. Sachez qu'à moins d'un millier, nous avons du mal à ressentir nationalement une émotion. Il fut un temps où des inondations dévastaient des régions en emportant des populations entières sans qu'on juge bon d'avertir Pékin. Nous ne sommes pas faits de pierre comme vous croyez, sauf que nous sommes si nombreux à habiter une terre sans fin qu'il est impossible que l'individu prenne à nos yeux une quelconque importance. Si nous venons à manquer de bras, nous n'aurons qu'à permettre un deuxième enfant. Et si nous voulons mettre en danger la planète, il suffit d'en permettre un troisième.

Nous vous avons fait apprécier le buffet chinois dont le menu peut comprendre 92 plats qui se ressemblent, sans être tout à fait pareils, un peu à notre image. C'est notre arme de destruction massive. Elle s'attaque à vos corps que nous rendons obèses pendant que nous restons minces. Et surtout à votre esprit. C'est le buffet dans l'exposition de sa diversité qui a détruit l'idéologie de la monoculture où votre civilisation s'est arc-boutée depuis des millénaires. Vous étiez monothéistes et monogames, ce qui a fait de vous des monomaniaques hypocrites, mais efficaces. Aujourd'hui, le buffet vous donne la possibilité d'un choix multiple. Vous réclamez depuis le choix partout, même dans la divinité. Nous vous avons changés, vous êtes devenus des Chinois en moins nombreux et en plus gras. D'ailleurs, tout ce que vous possédez est fait en Chine. Vous avez cru que nous étions les consommateurs à qui il fallait vendre vos produits dérisoires, mais c'est vous qu'on a achetés. Vos matières premières passent chez nous pour retourner chez vous avec la mention *made in China*. La raison c'est que vous étiez endormis depuis des siècles. On se demande même «Quand l'Occident s'éveillera». Ce n'est pas pour demain, car vous êtes trop orgueilleux pour imaginer que vous n'êtes pas le centre du monde.

Votre toute dévouée Chine

P.-S. Nos enfants voudraient acheter de petits Occidentaux... Envoyez-nous des photos.

CARNET NOIR : Si je voyage beaucoup, j'évite d'être un touriste. Comment? C'est simple, je ne visite rien. Je loge dans un hôtel et je fais mes courses dans le quartier. Je passe chez le marchand de fruits. Je ne peux pas vivre dans un endroit s'il n'y a pas de fruits. Dès que j'ouvre la porte, je dois sentir l'odeur de la mangue. Je n'ai pas besoin de beaucoup de choses pour vivre : un lit pour lire, une table de chevet pour placer mes livres du moment, et une baignoire pour lire encore. Quand est-ce que j'écris? Je ne sais pas. Là, en ce moment, je n'écris pas, je parle de livres. Je préfère les livres à la littérature. Si je raconte tout ça, c'est parce que Mongo m'a dit que son nom évoque l'écrivain camerounais Mongo Beti que j'avais rencontré à Durban en Afrique du Sud. Un homme qui peut passer dans la minute de la tendresse à la colère. Un homme qui cuvait en lui une haine folle pour toute forme d'injustice. Ce qui a fait de lui un homme désespéré. Il s'est battu contre la corruption en Afrique en publiant des pamphlets de plus en plus rageurs, avant de trouver cette lumineuse parade: fonder une librairie. Chaque livre de sa librairie était une petite grenade qu'il lançait dans les jambes du pouvoir. Un peu comme la fameuse librairie La joie de lire. Lui seul ne pouvait combattre ce système puissant et bien installé, mais la librairie, oui. Le gouvernement l'a vite compris et lui a fait des misères. Je revois son visage et son sourire suspendu comme s'il cachait une joie secrète. Soudain son nez semble renifler une mauvaise odeur, celle de la corruption généralisée, puis le Vésuve entre en éruption. Mongo Beti rompt alors avec l'assemblée, la ville et le pays où il se trouve. Un tel emmerdeur est devenu de plus en plus rare.

Carnet de voyage

Le voyageur occidental en Afrique

Je reviens d'un bref voyage à Bamako. Chaleur et poussière font une couleur dorée à l'air. En route vers Mopti, j'ai dû prendre un car avec des retraités en casquette accompagnés de leur épouse en chapeau fleuri. Après une heure, on pouvait tout savoir d'eux. Chacun racontant sa vie à son voisin.

Les dix dernières années furent épluchées par le menu détail pendant qu'on observait des deux côtés de la route des dos courbés sur un sol aride qu'on tente de cultiver. Je percevais déjà les quatre figures du touriste que l'Afrique subit depuis le XIXe siècle :

1. L'anthropologue amateur, toujours à la recherche de cette vie primitive gorgée d'aventures et de malaria qu'il avait découverte, enfant, dans les récits des grands voyageurs. Il lui faut retrouver ces peuplades qui ne sont pas encore souillées par la civilisation. Alors il s'informe pour retracer ce paradis de son enfance. Le pays d'avant la perte d'innocence du monde. Il se fera discret, bien sûr, mais il aimerait les observer dans toutes les manifestations de leur vie quotidienne. Il apprendra leurs langues et leurs coutumes. Il a noté dans un petit carnet des centaines de questions. Il va les embêter jusqu'à ce qu'on le jette tout habillé dans une marmite d'eau chaude.

2. Le missionnaire laïque remplace de façon plus efficace son prédécesseur, celui qui tentait de convertir les sauvages au catholicisme et du même coup à la civilisation (la mission civilisatrice). Le nouveau a simplement changé la Bible pour un tracteur. Sa nouvelle religion, c'est le progrès. Dès qu'il arrive dans un village, il met tout le monde à contribution pour la construction d'un dispensaire, d'une école, d'un puits artésien et de quelques latrines. Son obsession : l'hygiène publique. Il ne parle que de saletés, de détritus, de mouches et de moustiques, de marais, d'eau potable, de malnutrition. Il entend réveiller les gens pour qu'ils prennent soin de leur santé. Lui aussi a vu, dans les magazines au papier glacé et parfumé, des photos d'Africains agonisants à côté d'un vautour qui n'attend que l'instant fatal pour plonger sur le cadavre. Pour l'arrêter, il

n'y a que la chaleur insoutenable de midi et les moustiques du soir. Dans ces moments-là, les autochtones peuvent vaquer à leurs occupations sans se faire emmerder par des photographes amateurs qui espèrent gagner Le Grand Prix de la photo organisé par la mairie de leur patelin. L'explication officielle, c'est qu'on veut faire connaître au monde entier la tragédie africaine. D'un autre côté, la cohorte de ceux qui aiment mettre la main à la pâte, en construisant des latrines, continue d'attraper insolation sur insolation jusqu'à la déshydratation extrême. On les fait rentrer dare-dare au pays, et pendant des années on verra, laissés à l'abandon, des travaux entrepris dans l'enthousiasme par des gens dont on ne saura jamais ce qui est feint ou non chez eux.

3. Le technocrate amateur a tout appris sur Internet, avant même de partir. Il a cherché et recueilli toutes les statistiques possibles sur le sida, la malnutrition, le déboisement, la lapidation des femmes infidèles, la santé, le nombre de coups d'État, l'indice du coût de la vie, le nombre de marchés publics, la fréquence du paludisme, la taille des femmes par rapport à celle des hommes... pensant que tout ça allait surgir devant lui à peine sorti de l'aéroport. Il s'attend à rencontrer, dans le hall de l'hôtel, le président de l'association des sidéens avec quelques membres contaminés de ladite association qui lui proposeraient d'emblée une visite de ce petit village modèle où 98 % de la population est atteinte de la lèpre (les sidéens souffrent de la lèpre et les lépreux du sida). Au lieu de cela, le voilà pris dans un embouteillage monstre sur un des quatre ponts de Bamako enjambant le fleuve Niger. Et brusquement, il se demande si le vrai problème du Mali n'est pas la pollution – il a failli

écrire solution à la place de pollution, tant il a hâte de régler les problèmes.

4. N'oublions pas dans cette nomenclature le collectionneur d'art charitable, qui ne pense qu'à faire de bonnes affaires en achetant à des prix dérisoires des sculptures finement travaillées par des affamés de talent. Je n'y vois rien de mal. C'est le principe du commerce. Chacun surveille ses intérêts tant qu'il peut. Mais comme ce dernier est un judéo-chrétien et qu'il ne veut surtout pas avoir l'air d'exploiter un faible, alors, pour justifier son attitude, il invente une histoire à dormir debout. Comme quoi ce sont les marchands qui l'ont incité à baisser le prix, car on considère comme une insulte de ne pas marchander, c'est-à-dire de ne pas baisser drastiquement le prix pour le remonter légèrement après. Cette excuse ne vaut rien, et cela même si tout le monde croit qu'il faut faire ainsi. En fait, le marché africain n'est pas un théâtre de fortune ou un salon mondain où l'on cherche à passer un bon moment. C'est un marché comme n'importe quel autre, où l'on échange des produits contre de l'argent. C'est avec cet argent que ce marchand pourra nourrir sa famille, acheter des médicaments pour son enfant malade, payer les vêtements et l'école des enfants. Tout ça pour éviter de vivre de la charité chrétienne.

Vie de café VII

Carnet noir : J'étais vraiment plongé dans ce bouquin où pourtant il ne se passe rien quand Catherine a surgi devant moi. Depuis ma rencontre avec ce couple, mes matins ne se déroulent plus comme prévu. J'ai perdu cette monotonie qui me gardait encore dans cet état somnambulique, me protégeant de la lumière du jour et de sa réalité désastreuse. Le parfum de Catherine, où les essences de Yaoundé se sont mêlées à celles du Saguenay. Ses yeux vifs et sa bouche suggestive me disent qu'elle a galopé toute la nuit dans la vallée du désir. Quel choc pour mes sens! Elle s'assoit et me regarde un long moment en train d'écrire cette chronique sur le Québec à l'ère de Duplessis, et Haïti à l'époque de Duvalier.

— Je t'ai entendu ce matin à la radio.

— Ce n'était pas dans mon plan de déranger les amants.

Elle rougit.

— Tu as parlé de Bamako et du fleuve Niger. C'était de la poésie. Pas tant ton commentaire que le fait d'avoir évoqué ces noms-là. Tu ne peux pas savoir ce que ça m'a fait.

— Sais-tu que le Niger traverse une bonne partie de l'Afrique subsaharienne?

— Je longeais, dans ma pirogue, des îles peuplées d'enfants rieurs qui m'envoyaient des baisers.

— Est-ce trop de te demander ce que tu faisais là?

Un long rire saccadé.

— J'étais poursuivie par un tigre. Je courais à perdre haleine quand je l'ai senti sur mon dos. Et tout de suite après ses crocs étaient enfoncés dans ma nuque. Tu ne peux pas savoir depuis combien de temps j'attendais cette mort.

Elle me regarde droit dans les yeux.

— On est dans le rêve ou la réalité?

— Je ne fais plus aucune différence.

J'ai repris ma lecture.

— Il y a quelque chose, me dit-elle après un long moment, qu'on a oublié d'apprendre aux jeunes tigres en Afrique.

— Quoi?

— J'aime être dévorée, mais j'aime aussi que ce soit suivi d'un peu de tendresse.

— Dans quel but?

— Bon, juste pour faire la différence entre l'animal et l'homme.

— Tu es sûre que ça vaut la peine ?

Elle joue avec la tasse un moment, le regard ailleurs.

— Au fond, non...

— C'est ce que je me disais.

Je reprends mon livre.

— Tu lis toujours Borges ?

— Oui.

— J'aimerais savoir ce que tu lui trouves.

— Lui aussi aime les tigres et son vers préféré de Blake c'est :

> *Tiger! Tiger! Burning bright*
> *In the forests of the night*

— C'est ce que j'ai vécu, murmure-t-elle.

Int. Radio. Dimanche matin

Dieu, Patrie (démocratie ou dictature)

Je suis un témoin privilégié de ces deux systèmes politiques : vingt-trois ans dans l'un, quarante ans dans l'autre. Deux systèmes en apparence opposés, mais reliés, d'une certaine façon, par la foi judéo-chrétienne. J'estime les avoir assez pratiqués pour pouvoir en parler aujourd'hui. Le pont qui permet de passer de la dictature à la démocratie c'est souvent l'exil. L'exil, ce temps inventé par la dictature pour punir l'insoumis qu'il serait trop risqué d'assassiner. L'exilé doit nier dès le départ ce temps fictif qui est en fait un espace mis entre lui et les siens. Il vit déchiré entre deux pays : l'ancien et le nouveau. Ce n'est pas bon de vivre constamment dans la nostalgie du pays d'origine, comme c'est ridicule de prétendre qu'on vient de nulle part. Il y a bien sûr cette tristesse tropicale, qui va d'ailleurs fort bien avec le crépuscule polaire, et qu'on ne pourra jamais totalement effacer des yeux de l'exilé.

Franco : Mais si on rejette définitivement le pays d'origine sous prétexte que la situation paraît sans espoir, on semble renvoyer dos à dos le bourreau et la victime.

Moi : L'exilé danse un tango fiévreux avec des souvenirs lumineux qui laissent place à de terrifiantes images rapportées de là-bas, selon les caprices d'une mémoire qui cède de plus en plus de terrain à l'imaginaire. Jusqu'à ce que cet exilé ne reconnaisse plus ses propres souvenirs et devienne un étranger dans son pays natal. Sa vie intime vient alors de basculer dans la fiction. Je crois que le fait religieux tient une place importante dans le choix politique d'une société. Un État laïque ne succède pas forcément à un État religieux comme ce fut le cas de ce Québec en mutation des années 60 qui aurait pu suivre aisément la pente savonneuse du duplessisme, ce cocktail de religion et de nationalisme, pour tomber dans le délire duvaliérien, où le vaudou se mélange dangereusement au populisme le plus exacerbé. Pourquoi a-t-on tout de suite voulu construire au Québec autant d'écoles qu'on avait érigé naguère d'églises ? Pourquoi est-on passé, au Québec, d'une quasi-dictature religieuse à une démocratie dont le fleuron reste la conquête de l'électricité ? Alors qu'en Haïti on a continué la glissade dans un puits noir sans fond.

Franco : L'une des explications, c'est que les Haïtiens ont cru en Dieu et les Québécois dans l'Église... Est-ce possible ?

Moi : Et ça fait une sacrée différence. Haïti croit dans un Dieu avec qui elle peut discuter, et le Québec dans un système qu'il pourra démonter et remonter selon ses besoins. Pour Haïti, c'est le Dieu des armées qui permet tous les fantasmes de pouvoir, dans un pays où la misère a fait fuir la logique, ou ce Dieu capable d'apaiser les angoisses que ma mère prie. Tandis que l'Église est un système convertible que le Québec a vite fait de remplacer par la démocratie sans avoir trop à toucher à sa structure profonde. Les milliers de religieux – chaque maison en avait son lot – se sont éparpillés dans la vie civile afin de répandre la nouvelle foi : le progrès. Pour atteindre rapidement la modernité, il fallait remettre en scène les valeurs chrétiennes qui tiennent compte de l'égalité (« Ne fais pas à autrui ce que tu ne voudrais pas qu'on te fît à toi-même ») que l'on venait tout juste de jeter par-dessus bord. Une seule restriction : ne jamais prononcer les mots *église*, *foi* et *mystère*. Il faut être naïf pour croire qu'on puisse changer, du jour au lendemain, cette structure solide présente dans notre société depuis si longtemps. D'ailleurs, les prêtres d'hier sont simplement devenus des sociologues inquiets qui continuent à fouiller l'humain tout en évitant de sonder son âme. Voilà pour le Québec.

Franco : Et Haïti ?

Moi : J'y arrive... En Haïti, on est passé d'une monoculture catholique, avec le vaudou en arrière-plan, à un trop-plein religieux. Les églises protestantes, à cause de leur caractère populaire, se sont vite multipliées dans le pays. La misère exaltant la foi, on finit par croire qu'aucune solution humaine n'est envisageable. On attend alors ce messie capable de sauver le pays. Si ce n'est pas Duvalier, ce sera Aristide. C'est avec Aristide, l'ancien curé de Saint-Jean Bosco, qu'on a été le plus proche possible d'un dieu descendu sur terre pour régler les problèmes des humains. Bien sûr qu'il arrive au Québec de rêver de temps en temps à un messie pouvant lui faire traverser le désert fédéral jusqu'à la terre promise, mais il se réveille toujours affolé à la dernière minute pour dévorer crûment ce messie. C'est qu'on préfère avancer en groupe au Québec. Alors qu'en Haïti, on n'applaudit que celui qui se détache du groupe pour se lancer vers l'horizon sanglant dans un sprint éblouissant, mais souvent suicidaire.

LE TRAVAIL

CARNET NOIR : Je commence déjà à prendre des notes à propos de ma prochaine chronique. Un sujet plus clair : le travail. On n'a aucune idée du travail tant qu'on ne s'est pas retrouvé dans le métro tôt le matin avec la classe ouvrière, celle qui ne voit jamais le soleil. L'ouvrier sort trop tôt et rentre trop tard chez lui. Le soleil en hiver est un luxe réservé aux cols blancs, aux retraités, aux rentiers, aux dames avec un sac Gucci, aux hommes avec une montre Omega, et aux anarchistes qui refusent de donner les meilleures années de leur vie à la machine à broyer les rêves – j'insisterai sur ce dernier point jusqu'à ce que quelqu'un l'entende, se lève de sa chaise, quitte le bureau sans passer par l'administration, file à l'aéroport et prenne un avion pour une île perdue. Je crois que la vie mérite ce geste simple qui consiste à enjamber la fenêtre pour tomber dans un autre monde. Tout homme y a droit au moins une fois dans sa vie, même si cette cavale ne dure qu'un mois. C'est suffisant pour retrouver sa dignité. Il y a un autre moyen moins dramatique : juste se glisser dans une baignoire avec un verre de vin et un livre d'un auteur qu'on aime, et y rester jusqu'à ce que la concierge vienne frapper à la porte pour savoir si vous n'avez rien. D'ordinaire, les concierges attendent deux jours avant de vous déranger. Se lever lentement, se couvrir avec une petite serviette qui ne cache pas, traverser le couloir pour aller ouvrir la porte, observer la réaction de la concierge qui regarde aux alentours jusqu'au moment où ne tenant plus,

126

elle dévale l'escalier, le souffle haut. Fermer la porte, et écouter un moment les pas lourds de la concierge toute moite. Faire surgir le désir colore une journée grise et pluvieuse.

L'un des moteurs de la démocratie, c'est le travail. L'homme, ici, ne travaille plus pour une entité divine, il travaille pour lui-même et sa société. La devise du Québec aurait pu être non pas « Je me souviens », mais plutôt « Je travaille fort ». Ou bien « Je donne mon 110 % ». Pourtant certains politiciens rêvent de mettre le Québec au travail, donc d'une certaine manière, contestent le fait qu'on ait déjà atteint ce fameux 110 %. Dans d'autres pays, quand on se sent obligé de travailler si fort, on le constate avec une certaine mélancolie et non ce cri victorieux qu'on lance ici plusieurs fois par jour : « Comment ça va ? – Je travaille fort ! » Il aurait suffi de simplement souhaiter une bonne journée à l'autre. À tant le clamer, on ne l'entend plus. Pire, on vient à en douter. Surtout que les caricaturistes ne cessent de se moquer des cols bleus chargés de réparer les routes de Montréal. Si ces hommes musclés passent autant leur temps à regarder les jambes des jeunes femmes (comme on les comprend !) plutôt qu'à combler les nids-de-poule, on se demande qui d'autre fournit l'effort dont on s'enorgueillit tant ici.

Franco : Et Haïti ?

Moi : Il n'y a qu'Haïti qui t'intéresse...

Franco : Comme tu fais un parallèle...

Moi : Bon, Haïti a une réticence envers le travail qui date de l'époque coloniale (je ne justifie nullement, j'explique), où l'énergie de l'esclave ne lui appartenait pas.

Il n'avait aucune raison de valoriser le travail, ni son fameux slogan qu'on a vu au frontispice des camps de concentration nazis : « Le travail rend libre ». L'esclave ne travaillait que pour le maître. Et l'un des objectifs de la guerre d'indépendance, c'était de nationaliser l'énergie humaine. La devise devient ainsi « Je suis maître de mon temps et de ma force ». Pour au bout du compte se payer cette rose sans prix : le plaisir. Le plaisir, celui qui ne fait pas progresser l'économie, est un péché pour l'Église et un crime pour l'État. Les patrons, comme les prêtres, n'aiment pas ce plaisir qu'on dit improductif. Pour l'Église, ce mot recèle pas moins de trois péchés capitaux : la paresse, la luxure et la gourmandise. Le plaisir sape les fondements de la richesse. Chaque fois qu'on sourit au soleil, il y a quelqu'un qui perd de l'argent. Pour l'Église, c'est toujours la faute de l'homme – le ver est déjà dans le fruit. Et sa seule chance de sortie est de demander pardon à Dieu. En démocratie, c'est la faute de Dieu, qui a fait perdre à l'homme toute confiance en lui-même. En dictature, c'est la faute du dictateur. Pourtant, ce dictateur, pour se maintenir au pouvoir, a été soutenu par un grand nombre d'individus qui le représentaient dans les coins les plus reculés du pays. Pourquoi devient-il l'unique coupable ? Comme s'il avait soumis seul tout un peuple à sa loi. Comme l'Église au Québec, dont les familles étaient si fières d'avoir un fils prêtre ou une fille religieuse. Mais après la Révolution tranquille, on a immédiatement souligné le fait que l'Église était d'abord romaine – encore une fois ce n'était pas notre faute, mais bien celle d'une puissance étrangère qui a corrompu notre conscience. Comment peut-on être véritablement un démocrate si on n'est pas capable de reconnaître nos propres choix ? Comment pourrait-on sortir du marécage de la dictature si on n'est pas capable de dire que le dictateur n'était pas seul dans cette aventure, et que cette dictature a des racines profondes dans notre culture ? C'est Diogène qui cherchait un homme, c'est-à-dire quelqu'un capable de prendre ses responsabilités, et non de les décharger sur un dieu ou un dictateur.

Vie de café VIII

Carnet noir : Je passe au café pour préparer mes deux prochaines chroniques, car j'ai besoin de temps pour travailler sur ce petit livre que je compte offrir à Mongo. Je suis ces temps-ci dans une sorte d'effervescence, un temps qui succède à un temps de repos. Je n'aime pas l'idée d'écrire. Je rêve de découvrir un livre sur ma table de travail un matin. Souvent j'entends parler de douleur quand on parle d'écriture, je n'arrive pas à intégrer cette idée. Je ne rêve pas d'être un grand écrivain. Je reste l'adolescent qui se cachait derrière ses camarades de classe pour ne pas se faire repérer et passer entre les gouttes de pluie. Aujourd'hui, je ne sais pas combien de pages j'ai noircies malgré cette paresse qui ne m'a jamais gêné. Aussi loin que je remonte, j'ai tout déchargé sur les autres. Même manger me semblait du temps perdu, je refilais mon plat à mes cousins qui me donnaient en échange des mangues. Pour étudier, je payais ma sœur pour me lire le cours à étudier, et je fermais les yeux pour que la leçon puisse me pénétrer. Pour le reste, j'espérais et j'espère encore qu'il se passe quelque chose qui me permette d'éviter les épreuves de la vie. L'angoisse d'être vu. Aujourd'hui mon visage se balade sur les écrans, et souvent je ne reconnais pas cet homme. Une femme rencontrée à Québec il y a quelques années m'a envoyé une photo de moi, à dix-neuf ans, à Port-au-Prince. Depuis je suis hanté par ce jeune homme si peu photographié. Aucune photo de mon adolescence. Un visage qui ne connaît pas la lumière artificielle, qui n'a été vu que par des yeux nus de gens qui se plaçaient en face de moi. Il fallait s'approcher de moi si on voulait me regarder. Alors, j'ai pu aussi voir ceux qui m'ont vu. Le risque de se faire voler son âme est le même pour l'un que pour l'autre. Aujourd'hui, je suis photographié par des gens qui ne le font pas pour me regarder, mais pour me montrer à des gens qui n'ont pas demandé à me voir. Moi, le nonchalant, qui me cachais derrière mes petits camarades, je ne suis protégé aujourd'hui par aucune douce pénombre. Chaque mouvement de mon être, chaque trait de mon visage est scruté par des yeux furieux ou distraits depuis quarante ans. Il m'arrive de me regarder dans le journal pour savoir où j'en suis avec le jeune homme de dix-neuf ans qui voulait passer inaperçu.

LE PREMIER QUARTIER

J'aime bien faire le tour du propriétaire. Le nouveau venu garde un rapport viscéral avec son premier quartier. C'est un peu son village natal. Il y revient un jour ou l'autre. C'est là que tout a commencé. Toujours une pensée émue en passant devant la première chambre qu'il a occupée. Les moments où il découvrait ce nouvel univers. Aussi neuf qu'une île vierge, mais plus complexe. Les sédentaires ont toujours rêvé d'une île vierge où ils pourront emporter

132

des bouquins, des disques ou des films (l'énergie solaire alimenterait les appareils électroniques). L'exil, c'est le contraire. C'est quitter l'île. L'ex-île. Partir sans pouvoir rien emporter avec soi. Peut-être ses coutumes, ses dieux, ses habitudes, son art de vivre, en somme, mais on découvre vite que tout cela ne vaut pas grand-chose ailleurs. Les autres ont aussi leurs coutumes auxquelles ils tiennent.

Mon périmètre n'est pas grand, mais j'y trouve tout ce dont j'ai besoin. Un minuscule parc où je croise les regards de biche des jeunes étudiantes de l'Institut d'hôtellerie, une taverne où je prends une bière quand il fait trop chaud, un restaurant où je commande invariablement une salade de foie de volaille, une petite librairie faite sur mesure pour moi et mon point de chute (ce café souvent désert le matin). Ma place, sur la gauche, en entrant. Je vais chercher le journal sur le comptoir et en profite pour commander un café. Je m'installe sans rien brusquer. Les rares clients sont silencieux sans pour autant être fermés sur eux-mêmes. On ne lit pas forcément les romans de la saison, ne cherchant pas à vivre dans une époque donnée. On va et vient. J'aime cette ambiance feutrée où les siècles se croisent sans se heurter. Une odeur de café et de papiers jaunis. Des sourires à peine esquissés. Je n'ai pas besoin de plus pour me sentir chez moi. C'est le vieux fond culturel humain. Le reste n'est que spectacle.

CARNET NOIR : Mes déplacements sont surveillés et je ne sais pas toujours comment prendre cela. Sur un plan personnel ou sur un plan collectif. S'agit-il d'un moi qui aurait suscité un sentiment si fort chez les gens qu'ils répugnent à me savoir ailleurs ? Ou veut-on me rappeler que je ne dois pas quitter un pays qui m'a protégé durant toutes ces années? Cela dépend peut-être de celui qui parle. Je ne saurais douter de l'affection dont on m'entoure quand je vais dans une classe, dans un salon du livre ou simplement dans la rue. Et je suis si sensible à cette émotion que je fais attention à ne jamais décevoir ce cortège d'ombres chaleureuses. Quand je me sens perdu, sans repères, je revois ces regards qui m'entourent d'une si grande tendresse que je ne saurais douter de ma présence au monde.

Malgré tout, vous savez comment c'est, l'amour, il peut être étouffant, alors je ressens un point chaud et froid au cœur chaque fois qu'on me questionne sur l'endroit de ma résidence. Mine de rien, depuis un an, toute conversation se termine par: tu ne vas pas rester là-bas? Là-bas, c'est Paris, comme là-bas fut Montréal pour ma mère. Très peu de gens m'ont demandé comment ma mère a vécu cette absence qui dure depuis quarante ans, car depuis près de quarante ans je n'ai pas passé trente jours consécutifs avec elle. Son fils est parti ailleurs et n'est jamais revenu. Mais je ne l'ai jamais perdue non plus. Son odeur m'accompagne. L'odeur de sa peau qui se confond avec celle de mon adolescence. Et voilà que Montréal s'inquiète. Je ne peux pas la rassurer sans perdre ma liberté: celle de partir et de revenir. Chaque interrogation (tu vas partir là-bas?) me dit qu'on tient à moi en même temps qu'on doute de moi. À soixante-deux ans, j'ai passé depuis longtemps l'âge de quitter le toit familial. Je rappelle à ceux qui se posent des questions sur le saumon qui vit en moi que je suis déjà parti douze ans à Miami sans qu'on sache que j'ai passé tout ce temps là-bas. Un autre là-bas. Ma vie est cousue de là-bas. J'ai toujours voulu aller là-bas pour voir si j'y étais. Et, bien sûr, il m'arrive de me croiser dans un café en train de lire une nouvelle de Borges. C'est ainsi que j'ai su que c'était moi.

La confession politique

On aime bien faire se confesser les hommes politiques. Tout politicien conserve au frigo un secret que tout le monde connaît. La presse et ses ennemis attendent le moment opportun pour le sortir. Cela arrive quand il se présente à une fonction hautement importante. Vieux rituel qu'on retrouve dans beaucoup de pays, avec ce grain religieux propre au Québec. On apprend par la bande qu'un secret (sexe, argent, drogue) va être révélé dans les prochains jours. Mais par qui? Une âme charitable (ce personnage est aussi essentiel à la mécanique de la «révélation» que Judas à celle de la crucifixion) se charge de faire comprendre à l'individu concerné qu'il a intérêt à prendre les devants, car «une faute avouée est à demi pardonnée». L'expression passe-partout pour neutraliser les scandales de toutes sortes. Alors on le voit apparaître brutalement sur le petit écran, dans un nuage de flashs et un brouhaha de questions hurlées à pleins poumons par une meute de journalistes. Piteux et en sueur, il avoue son crime. Et ne cesse de renouveler au fil de la journée des excuses à une population qui fait semblant d'être estomaquée. Quand on estime qu'il s'est assez humilié, on entend un premier timide commentaire susurrant qu'il est honnête, à sa manière, puisque capable de reconnaître sa faute. Il arrive même que la population émue par tant d'humilité tourne sa colère vers celui qui semble être le principal bénéficiaire de sa chute: son successeur. C'est pourquoi il est recommandé de garder sa main cachée en lançant la première pierre. La confession catholique se faisait dans une certaine intimité avec un prêtre qui jurait de ne pas répéter même sous la torture ce qu'il avait entendu (bon, on sait que ce n'est pas toujours vrai), alors que dans la culture laïque la lapidation se fait en public. Comme on ne croit plus en Dieu, c'est le peuple qui doit pardonner.

Vie de café IX

Mongo arrive, l'air furieux.

— Je viens de t'entendre à la radio, et c'est tout ce que je déteste.

Je m'y attendais.

— Et qu'est-ce qui t'énerve tant dans ce que j'ai dit ?

Il s'assoit lourdement.

— Je ne vais pas en plus m'excuser de vivre.

— Ah, il te faudrait pourtant apprendre à t'excuser. On y accorde une grande importance ici.

— Je ne suis pas ici pour changer. Je reste moi-même. Qu'est-ce qui peut m'en empêcher ?

— La vie ! Que tu le veuilles ou non. Tout le monde change. Il y a ceux qui le savent et ceux qui l'ignorent.

— Ne joue pas à Socrate avec moi. Mon père l'a assez fait...

— Qu'est-ce que tu me reproches ?

— De dire merci comme un chien. Et puis, c'est même pas vrai.

— Qu'est-ce qui n'est pas vrai?

— Je t'ai dit de ne pas jouer à Socrate avec moi. Cette fois mon oncle a raison. Il dit qu'il n'a pas à remercier car on ne lui a fait aucune faveur.

— C'est ton oncle qui t'envoie.

— Non. J'ai connu ça ailleurs. Mon oncle dit que ce n'est pas une société de bienfaisance. Juste pour venir ici, ça lui a coûté une fortune. Il a vendu sa terre, sa maison. Pour venir ici, c'est la croix et la bannière. Il a fait des tests médicaux pendant un an et demi. Il a dû faire des démarches intensives pour avoir un certificat de police, un certificat de bonne vie et mœurs, ses diplômes professionnels. Tout ça a coûté une fortune. Et finalement, on a refusé que sa femme et ses enfants l'accompagnent.

— Tu m'avais dit qu'ils étaient ici.

— Il les a fait rentrer après... Mon oncle est médecin, bon, était médecin avant de venir ici. On lui avait dit qu'il trouverait du travail.

— Qui lui avait dit cela? Il ne faut pas écouter les charlatans.

— Non. On le lui a dit à l'ambassade du Canada. Une fois ici, il a refait des cours, et a payé pour passer des examens qu'il a réussis parfaitement. Et on lui a dit qu'il ne peut pas exercer ici... Alors qu'il entend chaque jour qu'on manque de médecins dans les hôpitaux. Et là, il apprend qu'il faudrait en plus dire merci!

Silence.

— Il y en a qui ont trouvé un refuge ici au moment où leur vie était en danger.

— Ce qui n'est pas le cas de tout le monde.

— Je sais, mais pourquoi tu as mis tout le monde dans le même paquet ?

— Je connais ces frustrations, mais la majorité des Québécois l'ignorent. Pour eux, c'est grâce à leur charité chrétienne que les immigrés sont ici. Peu de gens ici savent de quoi il s'agit exactement quand on parle d'immigration, mais ils ont du cœur. Ils ne voient pas la dureté de la vie quotidienne. Pour eux, c'est déjà beaucoup de n'être pas en danger de mort. Le corps s'habitue vite à un nouveau genre de vie.

— Tu veux dire qu'ils ne voient pas que c'est un marché international où on achète des gens par milliers ? Plus ils ont des difficultés dans leur pays, moins ils coûtent cher. Et ces gens viennent remplacer les plus pauvres du pays. C'est comme ça partout. Il n'y a rien de pire que les gens qui bénéficient d'un privilège tout en refusant d'en savoir la source. C'est une rivière de sang. S'il n'y avait pas les immigrés, les produits coûteraient encore plus cher, et la Chine ferait encore plus de ravages.

Carnet noir : Le fait de publier pour exister a pris une telle importance qu'on ne devrait pas s'étonner si l'idée de l'œuvre a disparu de l'écran. On atteint l'œuvre quand on est parvenu à créer un univers particulier et cohérent. La qualité littéraire doit y être, mais ce n'est pas forcément l'essentiel. L'important, c'est l'univers. Je remarque que chez les écrivains qui comptent, l'œuvre n'a pas toujours un chef. Le chef-d'œuvre se retrouve chez ceux qui, après des tentatives honorables, parviennent à hisser un livre au sommet de cette montagne. C'est souvent un livre qui rassemble tous les autres dans une orchestration réussie. En fait, on a l'impression qu'ils auraient pu écrire ce seul livre. Nés pour un livre. Tandis que les vrais écrivains ne font pas de pyramide, travaillant à une architecture à plusieurs têtes. Un roman d'eux que l'on croit mineur finit par être acclamé par la génération suivante comme le livre qui dit le mieux leur sensibilité. Il devient ainsi le livre majeur de cette nouvelle fournée de lecteurs. Il y a donc œuvre quand chaque livre qui la compose attend un moment pour révéler sa force cachée.

Malgré l'extrême diversité des livres, on sent qu'une même charge électrique les traverse tous. Des livres qu'on ne peut pas garder dans ses mains sans que notre corps tout entier se mette à trembler. L'idée de livres successifs et semblables d'un même auteur a atteint de telles proportions qu'elle pousse le lecteur à croire qu'il les a tous lus quand il n'en a lu que quatre. Il ne dit pas «mon livre préféré», mais «votre meilleur livre». Aucune surprise n'est possible à son avis. Pourquoi tous ces livres sont différents, quand nous savons dès la première page de chacun d'eux qu'ils sont du même auteur? C'est que cet écrivain préfère créer un univers que de poursuivre inlassablement, sur toutes les mers du monde, la baleine blanche. Bien sûr que ces réflexions ne s'adressent pas à Melville, dont l'œuvre sert de phare aux pauvres marins perdus sur une mer d'encre. Je pense à tout ça parce que Mongo, dès notre première rencontre, m'a fait comprendre qu'il entretient un lien avec l'écriture. Ce n'est pas par hasard qu'il a choisi de porter le nom d'un écrivain de son pays: Mongo Beti. Chez lui, il doit avoir un autre nom, mais dans un nouveau pays il se sent le droit de se réinventer. En ce sens, il est déjà un écrivain, car à mon avis, tout se joue avant d'écrire la première ligne.

Mongo au square Saint-Louis

Mongo m'a trouvé sur un banc du parc. En été, je vais parfois m'asseoir dans le parc au milieu des clochards qui sont souvent des gens que j'ai connus avant qu'ils basculent dans l'errance absolue. Pourquoi le nouveau venu (dans mon cas l'ancien venu puisqu'on est un survenant à jamais) a pu traverser la tempête et pas ces natifs, alors qu'il fait partie plus que personne des funestes statistiques qu'on voit dans les journaux et qui annoncent que le volume de pauvres a encore augmenté? On s'attend à ce que le nouveau venu y soit, lui qui oscille sans cesse entre le chômage et les durs travaux qui exigent de descendre au fond de la mine. Là où l'on passe en hiver de l'obscurité de l'aube à la noirceur du crépuscule. Il économise le moindre sou afin de quitter le cercle de nuit. La source de son énergie, c'est qu'il vit cette période sans amertume, sachant que même l'État ne lui doit rien.

— Je te vois souvent ces jours-ci.

— Ça te dérange?

— Pas du tout... C'est le pays de la cigale et de la fourmi. Si on danse trop l'été, on risque de connaître un dur hiver.

— Je ne suis pas le seul. Tout le monde danse l'été.

— Ils ont travaillé l'hiver. De plus, ce sont des écureuils. Ils économisent chaque cacahouète.

Un écureuil file juste à l'instant.

— J'ai un peu d'économies aussi.

— C'est du théâtre, ce farniente... Ils ont une heure et demie pour faire semblant d'être en vacances. Ils vont tous filer au boulot vers une heure et demie. Plus personne sur les terrasses. Sauf les touristes et les chômeurs.

— Et toi aussi.

— Moi je travaille en ce moment. Je suis payé pour observer les gens et leur remettre sous les yeux des choses qu'ils croient naturelles et qui ne sont que des habitudes particulières à une société donnée. C'est ainsi qu'on risque de devenir intolérant, quand on pense que notre comportement est juste et universel. Alors qu'il est le fruit d'une dure adaptation faite de compromis constants.

— Ce n'est pas le paradis alors?

— Qui t'avait promis le paradis, Mongo? (Il rit à gorge déployée.) Tu risques de te retrouver dans un sous-sol en hiver si tu fermes les yeux une seconde. Tous ces gens que tu vois ont de la famille en province. C'est là qu'ils se réfugient quand ça va trop mal. Quand on vient d'arriver, les trois premiers étés ne sont pas à toi. C'est plutôt le moment de chercher du travail. La queue est moins longue.

— Moi j'attends l'état d'urgence.

CARNET NOIR: En sortant de Radio-Canada, j'ai marché longtemps sans destination précise. Je ne sais pas ce qui m'a pris. Comme si cinq siècles d'histoire venaient de me traverser d'un seul souffle. J'avais agité un monde qui sommeillait en moi. La nuit d'avant je n'avais pas bien dormi. Et pourtant je ne pensais à rien. Rien dans la tête, tout dans le corps. Tous ces cristaux de douleur enfouis dans le corps du Noir qui vivait paisiblement le long du fleuve Niger. Ce fleuve qui traverse les neuf pays (Bénin, Burkina Faso, Côte d'Ivoire, Cameroun, Guinée, Mali, Niger, Nigéria, Tchad) qui ont le plus contribué à la Traite négrière. Donc à la prospérité de l'Europe. Cinq siècles en une nuit. J'entendais Billie Holiday, sans distinguer nettement son visage dans la pénombre de mon rêve, psalmodier *Strange Fruit*, ce blues si terrifiant. Ces fruits étranges que le voyageur remarque en traversant le Sud profond pour découvrir, en s'en approchant, que ce sont des corps noirs au sexe dans le vent pendus aux magnolias. Un monde où l'on peut changer un homme en fruit. Je marchais vite sans savoir où je m'en allais.

Mongo à l'improviste

Quelqu'un me touche à l'épaule. Je me retourne vivement, comme si on me réveillait.

— J'ai eu de la difficulté à te suivre, me dit Mongo en souriant.

— J'avais envie de prendre l'air.

— Je t'ai entendu à la radio ce matin. On ne peut pas faire autrement avec Catherine. Dès que tu commences à parler, il faut qu'on arrête tout.

— D'ordinaire, au moment de ma chronique, les gens sont en route pour aller au travail. Je les attrape quand ils sont sur le pont.

— Pas moi... Une fois tu m'as eu en plein vol.

— Tu devrais porter plainte à la direction. Tu sais, en Amérique on fait des procès pour tout.

— Honnêtement, c'est moi qui ai tout arrêté ce matin. Tu as bien fait de commencer depuis le début. On croit que cette histoire a commencé avec Martin Luther King. J'ai entendu plein de commentateurs dire à la télé que tout compte fait, c'est arrivé vu que King est mort en 1968. À peine quarante ans. C'est cinq siècles. Et tu l'as bien montré. C'est une des rares fois où j'étais pleinement d'accord avec toi.

— Et les autres fois?

— C'est pas toujours des sujets qui m'intéressent.

— Vous, les Noirs, vous êtes tous pareils, vous ne vous intéressez que si on parle de vous.

— Non, parce que je suis aussi intéressé par le cas des Indiens.

— Ici, on dit Amérindiens, ce qui veut dire les Indiens d'Amérique.

— Les Noirs sont des Afro-Américains. Ça m'embête cette façon de tout politiser.

— Je ne sais pas pour le reste, mais il n'y a rien de plus politique qu'un nom.

— Comment ça?

— C'est toujours le maître qui nomme.

— En Europe, on parle beaucoup des Indiens en Amérique. J'arrive et je ne les vois pas.

— Ils sont dans les réserves.

— Ça me fait peur comme mot.

— C'est le territoire qui leur est accordé.

— Ils n'étaient pas là avant?

— Oui, mais ils ont perdu la bataille. Leonard Cohen parle des «perdants magnifiques». Chaque vingt ans, ils redeviennent à la mode. On parle de régler le problème des Indiens. Les jeunes filles blanches s'habillent à l'indienne. On fait un film sur la tragédie indienne. On vend des posters de chefs indiens. On se met à citer les paroles des sages des tribus. Le folklore, quoi!

— Que disent les Indiens?

— On ne les entend pas souvent. Quand ils parlent, c'est souvent dans un de ces films faits par un Blanc qui montrent leur misère, leur goût pour l'alcool et le suicide. Aux nouvelles, on ne parle d'eux que pour dénoncer la contrebande de cigarettes ou quand ils installent des barricades sur les routes qui passent sur leurs réserves – ou pas loin. Peut-être qu'ils ne sont pas mieux que les autres, sauf qu'on ne peut pas en juger.

— Pourquoi ne se révoltent-ils pas?

— C'est fini. On en a fait des centaines de films. On a tous vu au moins une fois un film où des Indiens boivent à mort après avoir mis le feu à un fort. Sinon ils se précipitent en hurlant, poitrine au vent, vers les fusils des cow-boys. Des incendiaires ou des imbéciles. Le jeune Nord-Américain s'est nourri dans son enfance de cette fiction. Il y a le Nègre et l'Indien. Le Nègre pour le sexe. L'Indien pour l'alcool. Lui, il prône le progrès. Voilà le triangle de l'Amérique.

— Que peut-on faire alors?

— Rien. On attend la fin de l'histoire. N'oublie pas de dire merci cependant.

— À qui?

— Tu le sauras assez vite.

INT. RADIO. DIMANCHE MATIN

CARNET NOIR : On me fait comprendre que je peux étirer ma chronique, car le chroniqueur des variétés culturelles est resté au lit avec une forte fièvre. Je soupçonne qu'il n'est pas seul dans son lit. Il nous arrive tous de prendre congé un dimanche. J'en profite pour faire long. J'aime ça flâner dans ma tête. J'ai transgressé deux règles d'or avec cette chronique : 1. Ce n'est pas recommandé de lire à la radio, sauf s'il s'agit de nouvelles. Tout doit sembler spontané. 2. Ne pas faire long. Je fais souvent trop long. J'ai un pacte avec la direction : à la moindre plainte, je reviens à trois minutes trente. Eh bien, depuis deux ans, personne ne s'est plaint de la longueur de mes interventions. Ce qui prouve que les gens sont parfois plus ouverts que ceux qui programment le monde dans lequel nous vivons. Des auditeurs me disent qu'arrivés au boulot, ils ne descendent pas de la voiture avant la fin de ma chronique. Il y a une dernière chose à laquelle je tiens : la langue. Je ne cherche pas à imiter la langue parlée, celle qui ne se soucie pas des règles de grammaire, ni de l'élégance de la langue, de la musique des mots ou du rythme qui traverse la page. Tout doit vibrer sinon je n'aurai aucun plaisir à lire cette chronique et l'auditeur n'aura, lui, aucun plaisir à l'entendre. Et cela même si ces sujets, comme celui de ce matin, sont rocailleux. Je prends une orange avant d'aller m'asseoir en face de Franco.

POURQUOI L'IMMIGRÉ N'ARRIVE-T-IL PAS À DIRE SIMPLEMENT MERCI?

Il y a un vrai malentendu dans cette histoire. Pour le comprendre, il faut connaître intimement les deux parties. La société d'accueil (cela sonne comme une secte), et les immigrés (on dirait une horde de rongeurs). Je parle plutôt de ceux qui viennent de ces pays où règne un ordre implacable, plus proprement appelé une dictature. Ils arrivent ici, poussés souvent par la faim, l'injustice sociale et une certaine intolérance religieuse. Ils trouvent du travail dans des secteurs délaissés par la population. Les hommes commencent à s'habituer à ne pas entendre des coups de feu la nuit tout en savourant cette pleine jouissance d'avoir échappé à l'emprise du tyran local. Les femmes se laïcisent, se décoiffent, s'habillent légèrement l'été, et passent la première année à découvrir, chaque semaine, un nouveau centre d'achat. Vous savez que même le paradis peut devenir ennuyeux. Et on ne sait jamais quand la nostalgie, cette drogue dure, commence à s'infiltrer dans nos veines. L'héroïne comble un manque avant de créer un besoin. La nostalgie creuse ce manque avant de repeindre le passé. On redécouvre en rose le sanglant pays qu'on vient à peine de fuir en catastrophe. C'est qu'un animal de jungle aura toujours de la difficulté à survivre dans un salon. Il faudra sept ans pour domestiquer une pareille bête. Durant les sept premières années, l'immigré est traversé par une

148

tension : il doit faire cohabiter deux pays dans un seul cœur. Mais, en nationalisme comme dans les relations sentimentales, la bigamie est mal vue. On lui fait remarquer gentiment d'abord que pour mieux s'intégrer, il ferait bien d'oublier ce premier pays qui a été si injuste envers lui. Le problème, c'est qu'on a l'air de confondre le pays d'origine avec le gouvernement en place. Son pays : ce sont ceux qui souffrent encore là-bas. Et même en dénonçant ce gouvernement corrompu et tyrannique, il a parfois le sentiment étrange de trahir un peu son pays natal. C'est une terrible tension que ne connaissent que les voyageurs dont le retour reste improbable.

De l'autre côté, ceux du pays d'accueil vivent une autre histoire. L'arrivée de ces gens en difficulté a créé chez eux un sentiment protecteur, un flot d'amour mêlé de fierté. On l'a fait. Nous sommes un vrai peuple puisque nous aidons d'autres gens à s'en sortir. Nous ne sommes plus enfermés dans notre histoire. Nous avons rejoint la grande famille humaine. Car un pays n'est pas uniquement un ensemble de symboles, de rituels, de lois ou même de conquêtes sociales. Un pays c'est d'abord un ensemble de gens traversé, malgré des intérêts bien personnels, par un humanisme qui déborde le cadre national.

Au même moment, les immigrés font cette étonnante découverte. Ces gens qui viennent de quitter leur pays dans un désordre effroyable et parfois sanglant sont attirés précisément par cette absence de lyrisme dans les rapports humains, et ce surcroît de règles et de lois. L'existence d'un État responsable les fascine. Ils le sont surtout par le fait que ces lois ne connaissent pas, officiellement du moins, d'exception. Que vous soyez d'ici depuis les débuts de la colonisation ou que vous veniez d'arriver hier soir, la loi reste sourde et aveugle et s'applique invariablement. On découvrira plus tard, mais bien plus tard, les failles du système. En attendant, tout paraît impeccable.

L'une des spécialités de la dictature, c'est de concocter d'admirables constitutions dont personne ne tient compte. En Haïti, par exemple, un dicton dit *Konstitisyon se papye bayonèt se fè*, la Constitution n'est que du papier. Et là, à part de légères incartades, on semble prendre à la lettre la loi. Quelle merveille! Est-ce possible? se demande l'immigré ébahi. Et tout de suite, il comprend le mécanisme: on doit se plaindre constamment. L'État ne peut pas savoir que vous souffrez si vous ne le lui faites pas savoir. D'où le rôle des syndicats. Il existe des syndicats dans les pays de dictature aussi, mais ce sont des caricatures à la solde du pouvoir en place. Là, on voit opérer de vrais syndicats. Et lui, cet immigré qui n'a jamais eu le droit de contester quoi que ce soit dans son pays d'origine, pensez-vous une seconde qu'il va se gêner? «Je me plains, se dit-il, donc je suis un citoyen modèle.» Il croit faire ainsi avancer la démocratie.

Si, d'un côté, les Québécois d'origine, habitués à la contestation, se mettent à se plaindre de la chaleur en été, les immigrés ne peuvent pas passer leur temps à chanter les bienfaits d'un système, même avec des imperfections, qui les a tout de même sauvés de l'effroyable dictature politico-religieuse qui sévit encore là-bas. On leur aurait dit, après un moment: «Écoutez, vous êtes bien sympas, mais vous entravez la démocratie en agissant ainsi». Et eux de répondre: «Vous, vous n'arrêtez pas de vous plaindre parce que vous ne savez pas dans quel pays vous vivez». Finalement, le groupe des immigrés a compris que pour survivre il doit fonctionner comme un syndicat. C'est-à-dire entrer dans le système sans s'embarrasser de salamalecs. Les immigrés croient rendre hommage à ces institutions que la société québécoise a forgées dans la douleur et le travail tout au long de son histoire. L'inclusion de l'immigré ne découle pas seulement d'une loi, mais de la mythologie sociale du pays, celle du survenant dont le couvert est toujours mis sur la table.

Je crois que l'immigré devrait, s'il veut poétiser sa relation avec l'autre, prendre la peine en arrivant de dire merci aux gens qui l'ont si chaleureusement accueilli, avant de s'incliner devant la loi.

VIE DE CAFÉ X

CARNET NOIR : Un café possède la structure d'un roman. Il faut une architecture, des personnages ou des clients, un narrateur ou un barman, des intrigues et une conclusion. Pourquoi je fais cette comparaison ce matin ? Le propriétaire m'a annoncé qu'il va fermer parce qu'il n'a pas assez de clients. Il a monté le prix de la consommation (j'avais remarqué ça, mais je m'en foutais, pas parce que j'ai de l'argent à jeter, je lui fais simplement confiance), mais ça n'a pas suffi. S'il change le menu pour vendre de la pizza, des spaghettis à la bolognaise et du steak frites au lieu de son éternel croque-monsieur et de sa soupe à l'oignon, ce sera un autre café avec une nouvelle clientèle, et il ne veut pas ça. Et vous voulez quoi ? J'aime les artistes. J'aime voir les gens discuter de choses passionnantes ou écrire dans mon café. Et ces filles qui font du théâtre ou qui étudient le journalisme me font penser à ma fille qui fait ses études à Montpellier. J'espère qu'elle fréquente là-bas un café avec des gens aussi intéressants que vous. Il y a tellement de cafés en France que je n'ai pas peur pour elle. Vous savez que le réalisateur de *Mon oncle Antoine* venait ici ? J'oublie toujours son nom, c'était un homme assez discret. Ah oui, Claude Jutra. Il s'asseyait toujours là où vous êtes assis. Toujours à prendre des notes dans son carnet (il sourit), comme vous. C'est de ce genre de détails que je me souviens. Je peux me rappeler du parfum d'une femme, rien d'autre d'elle, j'ai son odeur, mais pas son visage. Ce qui me manquera, c'est le courant d'air froid en hiver quand la porte s'ouvre. J'ai toujours peur qu'un de mes clients attrape un rhume. J'ai fait mettre deux portes, mais il y en a qui entrent trop vite pour que la première porte ait le temps de se fermer. C'est bizarre, tout ça me fait penser à la vie. Le courant d'air froid à la mort. C'est la libraire, ma voisine, qui est venue m'annoncer la mort de Gaston Miron. Il passait d'abord à la Librairie du Square, puis il venait ici rencontrer Michel Beaulieu, ces deux-là étaient assez complices. Ça parlait plus de politique que de poésie? Des deux. Pour Miron, politique et poésie, c'est la même chose. Il me manque. Juste pour ces gens-là, j'ai gardé le café le plus longtemps possible, mais aujourd'hui c'est impossible. Je tenais à vous le dire pour que vous ne l'appreniez pas dans le journal. Quoi? On ferme demain. Quoi! J'ai vendu. Il y aura des travaux durant tout l'été et à la rentrée ce sera autre chose. Un magasin de chaussures? Non, un restaurant italien. Je jette la serviette, mais ne me plains pas, j'ai fait un café comme je l'entends. Robert Lalonde, qui écrit ses livres au café, me jette un regard de chien mourant. Un café qui ferme est pire qu'un roman raté. Rien n'est plus difficile que de trouver un nouveau café où poser ses pénates.

Catherine semble légère ce matin – je ne lui dis rien à propos de la fermeture du café.

— Tu m'avais posé une question dernièrement?

— Je ne me souviens pas.

Léger rire de sa part.

— Moi oui...

Elle continue à rire, manquant de renverser le verre d'eau que j'ai attrapé à temps.

— Qu'est-ce qui te fait rire ainsi?

— Rien. Ça m'arrive de rire sans raison.

— Je doute qu'on puisse rire sans raison.

Elle éclate de rire.

— Je viens de comprendre: tu es un psy. C'est ton bureau ici. Les gens viennent te raconter leurs problèmes.

— Il n'y a pas de psychanalyse possible si on ne paie pas.

Elle se met la main devant la bouche pour s'empêcher de rire aux éclats.

— T'as raison... Tu m'avais demandé sur quoi portait ma thèse. Et je t'avais dit que justement j'allais voir ma prof. Bon, c'est un mémoire, hein. Je suis seulement en maîtrise...

Elle se coiffe avec ses doigts. Un geste que je trouve particulièrement séduisant chez une femme.

— Tes chroniques m'ont mise sur la piste. Tu me suis? Comme je sors avec Mongo, je me suis dit que je pourrais travailler sur ce sujet.

— Quel sujet?

— Mongo! Toujours intéressant, un sujet vivant. Je peux faire des photos aussi. Ça me facilitera la tâche. Bon, ce n'est pas encore bien formulé, mais j'y pense beaucoup. J'ai pensé aussi à ce que tu m'as dit l'autre jour.

— À propos de quoi?

— Du fait que le nouveau venu circule, du moins au début, de manière complètement invisible dans la société. Et qu'il est obligé de refaire son pays dans son appartement. J'ai la chance de vivre ça de près. Au lieu de l'obliger à tenir compte de moi, je vais le laisser vivre et tout noter. Je pourrai alors décrire les premiers pas d'un immigré dans un nouveau pays.

— Vas-tu lui en parler?

— Je n'ai pas envie qu'il perde de sa spontanéité. J'ai commencé à l'observer, et je trouve fascinante toute l'ingéniosité qu'il déploie pour attraper des habitudes d'ici tout en conservant des coutumes de son pays d'origine.

Il faudrait voir comment il va se débrouiller en hiver. La neige efface tous les points de repère dans l'espace.

— Tu as trouvé un moyen d'être auprès de lui sans trop vous affronter.

— J'ai simplement envie qu'il soit lui-même. De le voir dans son intimité vraie.

— Un félin au naturel.

— C'est ça.

Je me demande combien de temps ça va durer. Combien de temps elle pourra ignorer qu'elle est une femme. Elle a trouvé un moyen pour endormir son ego.

Il risque de se réveiller sans crier gare. Il reste que Mongo n'est pas un insecte à observer. Et Catherine n'est pas faite de bois non plus. D'ailleurs, cette solution pour ne pas quitter son entourage montre que ses sentiments à son égard sont plus forts qu'elle ne le croit.

— Ma prof m'a tout de suite demandé si je suis amoureuse. Elle est très perspicace.

— Es-tu amoureuse?

Un sourire se lève pendant que ses yeux deviennent plus vifs.

— C'est sûr que je ressens une certaine attraction. Pour lui, mais aussi pour tout ce qui l'entoure. Quelque chose de dangereux. J'ai l'impression que si je fais un pas de plus, je suis perdue.

— Tu vas le faire?

— Je ne sais pas. J'observe.

— Tu t'observes ou tu l'observes?

— Les deux, peut-être. Parfois je me regarde en train de l'observer.

Petit rire gêné.

CARNET NOIR: Je n'ai pas de conseils d'écriture à te donner, Mongo. J'ai déjà écrit un livre sur ce thème usé. Un conseil de vie serait mieux. Chaque fois qu'on me demande le livre que j'emporterais sur une île déserte, je réponds un livre qui m'apprendrait à construire un petit bateau pour quitter l'île quand bon me semble, pour me rappeler que je ne pourrai me servir d'un marteau sans risquer de me blesser. En fait, j'emporterais mon carnet pour noter mes rêves, car je me suis toujours demandé à quoi rêve un homme seul sur une île. Et que vaut un livre sans lecteur ? La vie d'un écrivain se résume à ce mélange d'encre et de sang. Un jour, c'est un peu de sang dans beaucoup d'encre, et le jour suivant c'est un peu d'encre dans beaucoup de sang. Un sang d'encre. Donc un seul conseil, si jamais tu ne te dérobes pas face à ce destin d'écrivain que je pressens : n'écoute pas les sirènes du passé qui te promettent souvent un confort identitaire. Cherche plutôt à te mettre en danger en prenant un chemin inédit. N'hésite jamais à sauter dans le vide – oh là, c'est une métaphore. Veux-tu savoir si j'ai déjà pris de tels risques ? C'est non (j'ai quand même une fois tenté de devenir japonais). Mais j'attends tout de toi. Ne sachant pas ce que j'attends, il n'y a donc aucune pression à être ceci ou cela. Ne te fatigue surtout pas. Je souhaite que tu deviennes cet être sans projet que j'ai toujours rêvé d'être. Ce vieux rêve resté à l'état de rêve. Et si je suis revenu sur mes pas, c'est pour te croiser en chemin. Ainsi le lecteur aura parfois l'impression de lire des passages entiers qui lui sembleront familiers. Des tournures, des visages, des lieux, des modes de pensée, des auteurs (Borges dans ce joli conte où il s'adresse à un Borges plus jeune), des situations, des tics de langage et j'espère, une certaine manière de se tenir face à la page. Je remonte, en saumon épuisé, vers le jeune homme lisse de tout avenir que je fus un temps déjà et que tu es aujourd'hui. À l'endroit, c'est une histoire riche de pistes fraîches, de rencontres inédites, de douleurs neuves, mais à l'envers c'est le récit linéaire d'un homme qui marche sur une corde raide sans savoir ce qui l'attend au bout. Peut-on se perdre sur une ligne droite ?

Petit lexique
à l'usage du nouveau venu

QUELQUES MOTS-CLÉS

Le fait français : C'est le centre de tous les débats des cinquante dernières années. Des fois, il s'agit de langue. D'autres fois, c'est de culture qu'on parle. Souvent cela n'a rien à voir ni avec la langue ni avec la culture. Plutôt avec la survie d'un peuple qui panique, avec quelque raison, à l'idée de disparaître un jour.

Un Français : C'est quelqu'un qui accueille dans sa langue, de manière irresponsable, tous les mots anglais qu'on refuse ici. Si on n'existait pas, l'anglais serait la langue officielle de la France depuis une bonne décennie. La France n'est pas dans la même situation géographique qu'un Québec qui se sent menacé par ses voisins anglophones et hispanophones. De plus, la France ne doute pas une seconde de la qualité de sa langue qui remonte si loin dans le temps, alors que le Québec se demande, avec une certaine angoisse, si sa langue est corrompue par un frottement trop constant avec l'anglais. Le problème, on le sait, ce ne sont pas les mots mais la syntaxe, c'est-à-dire la manière de les disposer dans la phrase. C'est là que réside le génie d'une langue.

Un francophone : Un individu qui parle français, mais qui ne semble pas prêt à défendre cette langue jusqu'à son dernier souffle, prétextant qu'il a d'autres chats à fouetter comme de trouver un boulot, et se souvenant parfois qu'elle fut l'instrument de sa colonisation.

Un Québécois : C'est un individu prêt à mourir pour une langue qu'il ne cherche pas à bien écrire.

Un Anglais : C'est un mot si chargé d'électricité qu'il ne faut pas le prononcer deux fois dans la même journée.

Clichés (à oublier) : Le Français est arrogant. L'Anglais, dominateur. Le Québécois, humble et travailleur.

Musulman modéré : C'est l'intellectuel musulman qui dit ce qu'on veut entendre et qu'on invite dans les médias pour entendre ce qu'on veut qu'il dise. Même s'il critique plus rudement l'islam et les fanatiques religieux qu'un Occidental, son statut ne changera pas, il sera toujours un musulman modéré.

La Question : Si la question n'est pas toujours claire, la réponse est simple : oui ou non. Et après, on va tous se coucher. Ce n'est pas là-bas où l'on s'entre-égorge quand on n'est pas du même avis. Ici, le froid calme les esprits.

Révolution tranquille : Variété très rare de catholiques qui font des révolutions sans une goutte de sang – des Latins du Nord.

Indépendance : On n'entend que ce mot pendant un moment. Puis, silence, pendant des années. Puis, un matin, sans raison apparente, vous ouvrez la fenêtre et c'est plein de drapeaux dans les rues. Ainsi le mot est revenu. En quarante ans, je n'ai jamais compris pourquoi il disparaît ni pourquoi il revient.

Nation : C'est un mot que Harper a volé aux Indiens pour le donner aux Québécois afin qu'ils cessent de dire *pays*, qui est bien trop subversif.

Province : Le dictionnaire la définit comme l'endroit où l'on repousse les vaincus.

Dieu : On ne doit jamais l'évoquer, même si la plupart des rues portent encore les noms de ses saints. En fait, Dieu n'existe pas ; les saints, oui.

La Grande Noirceur : C'était du temps où Dieu comptait encore.

Baby-boom : Les prêtres qui n'ont pas droit aux femmes ont quand même joué un rôle décisif dans cette floraison des bébés. On avait l'impression que les Québécoises étaient des mères porteuses comme la Vierge Marie le fut dans son temps.

Médecin (pénurie) : On ne veut pas augmenter le nombre de médecins pour éviter que leur salaire diminue, tout en restant conscient qu'il manque de médecins dans les hôpitaux. Ce problème est simple à régler : on n'a qu'à réduire le nombre de malades, ce qui augmenterait proportionnellement le nombre de médecins.

Chef : On parle de chef et de troupes comme si on était en état de guerre. Mais un chef, c'est quelqu'un que n'importe qui dans la rue peut interpeller rudement. Ses ennemis se trouvent souvent dans son camp. On peut bien être un chef, mais il ne faut surtout pas diriger, sinon on vous accuse de vous prendre pour un autre.

Un immigré : Tout individu arrivé ici après la mort de Maurice Le Noblet Duplessis, justement le dernier chef. Avant, on disait un survenant.

Accommodements raisonnables : La meilleure définition est celle de Me Julius Grey : « Les accommodements qui ne sont pas raisonnables ne sont pas des accommodements raisonnables ». Le commentaire le plus raisonnable de toute cette histoire.

Travail : Vous entendrez souvent les gens dire : « On travaille fort ». C'est une expression qui ne correspond pas à la réalité d'aujourd'hui. Elle date de l'époque héroïque des bûcherons. On l'emploie aujourd'hui quand on croise quelqu'un hors de son milieu de travail. C'est devenu une façon de se saluer.

La météo : À partir de la fin du mois d'octobre, les opinions émises sur la température sont souvent défavorables. Vers la mi-décembre, on observe une certaine inquiétude quant au fait de manquer de neige pour la nuit de Noël. C'est enfin le seul moment où l'on réclame de la neige en hiver. Sinon c'est toujours à contre-courant. Le printemps, pourri. L'été, trop humide. L'automne, trop bref. L'hiver, trop long. La vie, trop courte.

La clause nonobstant : C'est un secret. Si jamais vous vous trouvez dans un poste de police, vous n'avez qu'à hurler : j'invoque la clause nonobstant. Ils seront obligés de vous laisser partir, car à peu près personne ne sait exactement ce qu'est cette clause. Les voilà figés. Et c'est la définition : tout reste comme avant.

Chacun ses clichés

Le silence : Au Nord, pour ne pas dire au Québec, c'est une façon de s'exprimer. Parfois la plus forte. En forêt, il faut faire silence si on veut savoir d'où vient le danger. Le père bûcheron en a abusé pour contrôler la maison et arrêter le babillage de la mère. Mais le fils, depuis les années 70, est devenu un homme rose et bavard. Aujourd'hui, il n'y a que les vieux alcooliques, nostalgiques du temps béni des tavernes, qui gardent ainsi le silence.

Au Sud, pour ne pas dire Haïti, le silence est un temps bref qui se situe entre deux arguments intempestifs. C'est un espace vide qui n'exprime rien. Rarement utilisé, car chacun croit qu'il a quelque chose à dire dans ce pays à haute tension politique. Le seul silence pratiqué c'est celui qui nous est contraint : le silence de la mort.

Le sourire : Le sourire n'engage à rien dans le Nord. C'est une mimique du visage qui sert à tenir les gens à distance. Certaines personnes parviennent dans les soirées mondaines à couper le sourire en fines tranches qu'elles distribuent aux gens croisés sur leur passage. C'est la technique du melon que Bernard Derome a rendu populaire.

Dans le Sud, le sourire engage à tout. Si une femme te sourit, on pense tout de suite que c'est parce qu'elle veut des enfants de toi. Celles-ci passent leur temps à sourire toutes seules pour éviter d'être mal interprétées.

Ces deux extrêmes finissent par dénaturer un des actes les plus gratuits qui soient. Car l'animal ne sourit pas. Seul l'homme sait le faire ou surtout le contrefaire. Le vrai sourire est devenu de plus en plus rare.

L'espace : Dans le Nord, les gens sont habitués à un vaste territoire. À trois mètres de distance, vous piétinez déjà l'espace du voisin. À un mètre, c'est une agression. Et à cinquante centimètres, on crie au viol.

Dans le Sud, si dans une queue au bureau de poste, cinquante centimètres séparent deux personnes, tout de suite dix personnes s'insèrent entre elles.

Résultat : dans le Nord, on voit d'abord le territoire qu'on veut défendre avec un fusil. Si on a fait tant d'enfants dans les années 50, c'était d'abord pour peupler le Québec, mais aussi pour pouvoir envoyer des missionnaires de par le monde conquérir spirituellement d'autres territoires.

Dans le Sud, l'individu compte plus que l'espace. D'où la surpopulation.

Le temps : Le temps est linéaire dans le Nord. Il part d'un point pour aller à un autre. Et ce n'est pas réversible. On croit fermement que le moment présent ne reviendra jamais. Pour être précis : il n'y aura plus de mercredi 6 août 2008 à 8 h 15, et cela même si nous vivons mille ans de plus. C'est de cette certitude que vient l'angoisse de la mort. On va vers un temps fini. D'où l'invention des montres, la profusion des calendriers et des rendez-vous si précis.

Dans le Sud, le temps est circulaire. Ce qui veut dire que si on est patient, ce mercredi 6 août 2008 à 8 h 15 du matin reviendra. Le temps de faire le tour de la terre pour revenir à son point de départ. Cette vision optimiste permet une estimation personnelle du temps. Le 8 h 15 peut s'allonger jusqu'à 12 h 15 – et si on est entre gens du Sud, ça peut aller jusqu'au lendemain, jeudi 7 août 2008 à 8 h 15. Au-delà, c'est considéré comme un retard.

Le Sud doit avoir une influence sur le Nord, car au Québec on devient de moins en moins crispé sur l'exactitude. En 1960, à un rendez-vous pris à 8 h 15, un Québécois arrivait à 8 h pour être sûr de ne pas être en retard. En 1970, c'était 8 h 15. En 1980, on est monté à 8 h 30. En 1990, à 8 h 35. Et, aujourd'hui, on peut arriver à ce même rendez-vous à 8 h 45 sans avoir à s'excuser. Et en été, devant une salade et un verre de vin, on tolère un retard jusqu'à 9 h 45 ; en moins de cinquante ans, c'est un bond de géant. Et cela même si on est encore loin du record olympique, ce remarquable midi quinze de l'homme du Sud.

La mort : C'est une affaire si privée dans le Nord qu'on peut aller jusqu'à se tuer soi-même. Ce qui est le triomphe de l'individualisme.

Dans le Sud, c'est l'État qui s'occupe de donner la mort. C'est le triomphe du collectivisme.

Des mythologies du Québec

Les mythologies sont des fables que les peuples se racontent de la manière qu'ils veulent parce qu'ils sont les seuls à les avoir vécues. Seuls les Grecs sont parvenus à imposer leurs mythologies au reste de l'Occident. J'ai répertorié six moments forts au Québec.

La Grande Noirceur : J'ai cru au début que l'expression « La Grande Noirceur » n'était qu'une façon de nommer cette glaciale nuit qui part de la fin décembre jusqu'au début avril. Mais en réalité cette Grande Noirceur est un moment précis dans l'histoire du Québec. Cette histoire qui donne parfois l'impression d'une forêt opaque dont l'accès est interdit au public. On pourrait situer historiquement la Grande Noirceur entre l'alliance de Duplessis avec l'Église et l'arrivée de Lesage au pouvoir en juillet 1960. Que se passait-il alors ? La prière, le silence, le travail – les valeurs de l'époque. L'usine à naissances fonctionnait à plein régime. Une société frigorifiée. Pourtant la contestation germait, puisque le texte le plus subversif publié au Québec, *Le Refus global*, paru en 1948, était une bombe à retardement qui allait exploser douze ans plus tard à la face d'un pouvoir qui prenait les intellectuels pour des fainéants et des parasites. Duplessis ne s'attendait pas à une si furieuse attaque de ceux qu'il qualifiait, avec un sourire méprisant, de «joueurs de piano». Et pourtant, ils allaient non seulement renverser Duplessis, mais de plus effacer le système qui l'a mis en place. Bon, cela se fera pour certains très vite, et trop lentement pour ceux qui attendent ce changement depuis vingt ans. Il reste que ce fut un changement radical organisé, par différents secteurs «éclairés» de la population, à la barbe d'un pouvoir à la fois religieux et politique au sommet de sa puissance. Il serait temps que le Québec braque sur cette «Grande Noirceur» les puissants projecteurs de l'esprit critique, qui pourraient éclairer une part intéressante de son histoire. En découvrant l'action audacieuse des intellectuels de tous ordres (même chez les religieux progressistes) durant cette époque, on comprendra qu'il s'agissait plutôt d'une «Grande pénombre». La petite lampe de l'esprit veillait constamment.

La Révolution tranquille : Ainsi le Québec a changé du tout au tout durant la chaude nuit du 22 au 23 juin 1960. Quelle nuit ! On s'est couché tard pour se réveiller, le lendemain matin, sur l'autre rive de la Grande Noirceur. Ce moment où l'école a remplacé l'Église s'appelle la Révolution tranquille. Cette révolution qui venait de jeter par-dessus bord la seule institution capable de pénétrer la conscience humaine : l'Église. Et cela, paraît-il, s'est passé dans la plus franche camaraderie. Permettez-moi d'en douter. Connaissant le rapport des hommes avec leur foi, ce fut sanglant. Les routes du Québec furent jonchées de cadavres spirituels. Des blessures morales portées au cœur de l'Église. Une foi poignardée dans le dos par des prêtres passés à l'ennemi. La reddition des bastions forts : l'école et l'hôpital. Un état-major qui se réfugie dans le tiers-monde. La soutane vite remplacée par le complet-veston, et le catéchisme par la catéchèse. Et pour finir, l'humiliation d'entendre que ce fut une révolution tranquille.

Le retour de l'Église : Mais on a cru trop vite la bataille terminée. Cinquante ans plus tard, le débat religieux reprend de plus belle au Québec. La Croix face à l'islam. Un puissant cardinal de Québec rassemble précipitamment les troupes. En fait, il n'y aura pas de guerre religieuse, car les croyances se tiennent toujours. Et l'une ne manquera jamais de voler au secours de l'autre. On est passé de la monoculture d'hier au riche buffet d'aujourd'hui : catholiques, protestants, juifs, musulmans, prêtres vaudou et disciples de Raël sont présents sur le terrain. Morale de l'histoire : quand vous jetez à la porte une religion, il y a au moins cinq autres qui rentrent par la fenêtre.

Le grand mensonge : On a tout rejeté sur le dos de l'Église. Sans minimiser ses actions, les gens restent toujours responsables de leur destin. Et le tango se danse à deux. Dans certains milieux on croit que c'est l'Église qui s'est fait avoir par le peuple. Ce peuple qui voyait sa population se ratatiner de jour en jour. Ce sont les gens qui portent une langue. L'Église a joué un rôle important dans la sauvegarde de la langue française en Amérique du Nord («La foi gardienne de la langue»). Mais la foi ne suffisant pas, il fallait faire face à l'épineuse question démographique. Plus vous êtes nombreux à parler une langue, plus elle a de chances de survie. La nation semblait prête à exploser démographiquement. On ne pouvait pas faire des enfants comme des lapins, il fallait des règles. Un ordre moral. Voilà l'Église prête à faire aussi la police. C'est ainsi que les prêtres (les seuls à parler reproduction, forcément sexe, en l'absence du mari) se mettent à battre la campagne pour encourager les femmes à faire des enfants. Ils ont fait du zèle. Les enfants arrivaient dans les feuilles de chou par milliers. La langue était donc sauvée. Il fallait arrêter la saignée de la femme qui n'avait plus de sang. Elle était complètement épuisée. On a alors tout mis sur le dos de l'Église. L'explosion démographique était un vœu collectif. L'Église y a joué son rôle, comme tout le monde. D'ailleurs, dès que la mission fut accomplie, on a jeté l'Église par-dessus bord comme une eau savonnée. Et le pouvoir de l'Église était à plat. Sa fonction devenait aussi inutile qu'une bière dans un réfrigérateur débranché.

Né pour un petit pain. Je n'ai jamais compris cette déclaration, car elle semble assez floue. Évidemment, cela veut dire qu'on n'a pas d'ambition ni d'horizon. Mais en réalité, c'est une puissante arme idéologique. On s'en sert pour rappeler notre situation de colonisés face à l'Anglais. Mais sur un plan local, cela sert aussi à calmer tout désir de sortir des rangs. Personne n'est meilleur qu'un autre. Pourtant on voit partout des «rois du hot-dog» ou des «pères du meuble». On emploie de moins en moins l'expression «né pour un petit pain» depuis l'arrivée massive des immigrés, car ils pourront mal l'interpréter et s'emparer de la boulangerie nationale pour distribuer des petits pains aux natifs et se garder le gâteau pour eux.

L'amour de l'hiver et de la poutine : Sur ces deux points, on vous mentira au Québec. D'abord la poutine, que certains font semblant d'aimer. Si on vous propose d'en manger, acceptez, car c'est l'ultime test d'intégration. Par contre, vous n'êtes pas obligé de rééditer ce fait d'armes. Quant à l'hiver, jusqu'à cinquante ans, le Québécois éduqué se moque de la Floride, pour ensuite prendre prétexte de visiter les vieux parents afin de tester la chose. À cinquante-cinq ans, il fait un plus long séjour pour être proche d'eux durant les derniers moments. Ensuite il hérite de la roulotte. Et le dernier dieu qu'il adore c'est le soleil (tout ce qu'il garde du Québec c'est la carte-soleil). Jusqu'à cinquante-cinq ans, le Québécois est un homme du Nord, après commence la glissade vers le Sud. Pour l'immigré, c'est le contraire.

Petit traité
du discours amoureux québécois

Depuis Roland Barthes, ce fin observateur des petits gestes de la vie quotidienne, on connaît l'importance du discours amoureux dans les relations humaines. Quand on arrive à vingt ans dans une nouvelle société, l'une des premières choses qui nous intéresse, c'est la danse de l'amour. Le désir étant le chemin le plus court d'un corps à un autre. On nous parle de coup de foudre, d'attirance des contraires, d'élans incontrôlables, de sentiments instinctifs, alors qu'en fait, tout est codé.

Tout d'abord le code de la beauté. Venant d'un pays travaillé par la faim où le corps de la femme pour être désirable doit être bien charnu, je suis arrivé ici au moment où les magazines féminins lançaient la mode osseuse. Toutes ces jeunes femmes qui se baladaient dans les soirées entre les plateaux de bouchées qu'elles boudaient. Je me rappelle ma panique quand il fallait, pour la première fois, confier ma langue à une bouche affamée.

Et l'éternelle beauté pour moi, à l'époque, c'était celle des saintes catholiques : sainte Claire avec son nez si délicat, le doux regard de Thérèse de Lisieux et la jeune Maria Goretti, ma préférée. C'étaient les seules images de femmes occidentales que j'avais sous les yeux dans la chambre que je partageais avec ma mère. Inutile de dire que j'ai vainement recherché cette esthétique dans ce Montréal disco de la fin des années 70.

Doudou Boicel m'a conseillé de ne pas passer l'hiver seul. Comment faire? Je viens d'un pays lyrique où, pour faire la cour à une jeune femme, il faut sortir ses plus beaux atours. La première fois qu'on m'a qualifié de *chanteur de pomme*, j'ai cru que c'était positif. Puisque la pomme se retrouvait partout ici, même en jus, j'avais l'impression que c'était le fruit le plus aimé de la région. Le fruit, oui, mais pas moi. Cela me paraissait si romantique que j'ai continué à chanter la pomme de plus belle. Quand va-t-on lever l'interdit sur les chanteurs de pomme dans un pays où les femmes se plaignent de ne pas être courtisées?

Dans mon pays natal – je n'aime pas l'expression *pays d'origine* qui me donne l'impression d'être un produit fabriqué en Chine – l'homme peut raconter ce qu'il veut, en autant que la femme n'accorde aucune importance à ce qu'il dit. Le code est strict. Elle ne doit pas trop sourire, ni même émettre la moindre opinion qui ne soit pas un refus catégorique. Alors qu'ici on vous ménage tant. On vous repousse même avec plus de douceur qu'on vous accepte. Vous imaginez le malentendu. Il arrive qu'elle vous enveloppe de ses bras chauds avec l'intention de dire non. C'est le même geste pour le oui que pour le non. La différence n'est pas visible à l'œil nu. Mais si, à moins d'une minute, on commence à vous taper légèrement dans le dos, cela veut dire qu'il faut relâcher l'étreinte. Alors que dans d'autres pays, c'est un encouragement.

C'est un langage qu'on ne peut apprendre que sur le tas. La jeune femme, dans le cas où vous lui tombez « dans l'œil» – le verbe tomber est fondamental dans le langage québécois –, disparaît subitement durant quelques jours (on se demande alors ce qu'on a fait ou dit de mal) pour revenir, avec un visage si pâle de gravité, vous demander de vivre avec vous. Tout s'est passé durant ce temps vide où, atteinte en plein cœur, elle s'est réfugiée sous les draps pour tenter de soigner la blessure. Mais l'amour se nourrit d'absence. On ne peut pas oublier un cœur, on ne peut que l'épuiser. Et si on a la parole superlative dans le Sud, la jeune nordique a l'acte excessif.

C'est qu'elle vient de *tomber en amour*. Vous entendrez cette expression souvent. C'est une chute! Peut-être qu'il y a un lien avec Newton, qui a déjà vu tomber une pomme. D'où la gravité d'un tel sentiment. De toute façon, on ne peut pas aimer debout. Elle dira, plus tard, en se relevant, qu'elle est «en amour par-dessus la tête». L'expression qu'il faut analyser, pour bien comprendre cette société, c'est «être en amour». On est amoureux ou amoureuse de quelqu'un, mais que veut dire «être en amour»? Voilà une situation où la présence de l'autre ne semble pas fondamentale. C'est le sentiment amoureux qui compte. Cet état de grâce qui ne pousse pas la personne érotisée à rechercher l'objet de ses désirs, mais plutôt à téléphoner à sa meilleure amie pour en discuter pendant des heures. On l'étudie sous tous les angles possibles. Le théorème s'énonce ainsi: le désir implique un corps immobile attendant d'être activé par un corps opposé. D'où l'expression «il sait comment venir me chercher». Mais quand la chose arrive, le corps qui semblait immobile prend feu. *Être en feu* n'implique aucunement la présence du corps des pompiers. C'est le genre d'incendie qu'on éteint avec de la gazoline. Mais ce n'est pas recommandé, malgré un tel abandon, de «partir pour la gloire» – encore une expression à noter. Surtout quand on connaît la promptitude de ces machos du Sud à se prendre pour une fusée.

Il arrive que quelque temps plus tard, elle veuille «aller voir ailleurs». De nouveau au téléphone avec son amie pour lui apprendre qu'elle a «cassé avec toi» – l'expression n'obéit même pas à la grammaire. On dirait plutôt un jouet qu'on vient de briser ensemble – et non un cœur humain. Ce qui donne ce côté impersonnel à un moment si dramatique. L'Européenne, encore plus prudente, dira: «Quelque chose s'est brisé entre nous». Ne cherchez pas à savoir c'est quoi. Plutôt c'est *qui*. Et cet homme qui l'accompagne partout maintenant? Ce n'est pas son amoureux, vous répond-on. À quoi voyez-vous cela? Il l'écoute trop consciencieusement. C'est ce qu'on appelle «une oreille attentive» ou «un bon gars». Je vous raconte cela avec une certaine légèreté aujourd'hui, mais c'est le genre d'informations qu'on ne collecte que dans la douleur. Rappelez-vous qu'il est impossible de traverser les premiers hivers sans connaître cette langue secrète et intime qui a échappé à la loi 101.

Vie de café XI

— Un café, Mongo ?

— Pas le temps. J'ai rendez-vous avec Catherine. Elle veut me parler.

— C'est ce qu'elle a dit : « Je veux te parler » ?

— Oui.

— C'est soit pour te quitter, soit te demander d'emménager avec elle.

— Je ne veux ni l'un ni l'autre.

— Les relations amoureuses sont constamment remises en question.

— Est-ce pour ça qu'on déménage autant chaque année ?

— Peut-être... On quitte souvent quelqu'un parce qu'on a peur de la routine.

— Mais l'amour se nourrit de routine ! C'est le même ciel, la même lune, la même personne, le même lit, la même musique, le même bar. Si on aime, alors on vit ça différemment.

— Ici on voit la vie comme un chemin à parcourir ensemble. Il faut avancer. C'est la panique quand on a l'impression que ça n'avance pas. Elle peut se réveiller en sueur au milieu de la nuit. Complètement perdue. Les saisons reviennent chaque année à la même date. Le boulot. Les fêtes familiales ou sociales. Tout est réglé. Alors on veut que ça bouge au moins là.

— Mais moi c'est le contraire. Rien n'est fixe pour moi.

— Je vois pourquoi elle veut te parler... Tu ne veux vraiment pas un café?

— Non, elle m'attend.

— D'accord.

— Tes chroniques à la radio, c'est plus pour le natif que pour quelqu'un qui vient d'arriver. Ça te dirait d'écrire quelque chose de direct, assez bref? J'ai toujours peur de faire une erreur, de dire quelque chose qu'il ne faut pas dire. Genre dire, ne pas dire.

— Ne jamais dire Canada pour Québec.

— Ça on me l'a expliqué dans l'avion même.

— Catherine doit commencer à s'impatienter. J'ai l'impression qu'elle est amoureuse de toi... Tu devrais faire attention un peu.

— En fait, elle ne se plaint plus depuis un moment... Avant elle n'arrêtait pas de me rappeler que je suis à Montréal et non au Cameroun. Maintenant elle me laisse vivre.

— C'est pas une raison pour abuser... Ici on encaisse sans rien dire et un matin on te présente la facture.

— Je ne vois pas comment elle pourrait me reprocher d'être moi-même.

— Si ça l'empêche d'être elle-même.

— L'autre jour, après le départ de mes copains, elle voulait que je lui raconte en détail tout ce qu'on s'était dit. Et elle semblait avoir compris la moitié de la discussion. Signe qu'elle écoutait attentivement. Cette fille m'étonne, car on parlait dans trois dialectes différents.

— Elle cherche à te connaître. C'est normal, non ?

— Je ne sais pas... On dirait qu'elle m'observe, plutôt. L'autre jour, elle a posé son doigt sur mon front en me disant avec un air si sérieux : « Je veux savoir tout ce qui est là ». Elle n'a pas touché mon cœur, mais mon crâne. C'est comme ça ici ?

— Je ne peux rien te dire... Quand des gens de cultures différentes se retrouvent dans une certaine intimité, il y a toutes sortes d'attractions possibles : le cœur, le sexe et l'esprit. C'est ce qui rend la chose plus excitante, sinon les gens se contenteraient de rester dans leur culture.

— Elle m'attend à la cafétéria de l'université. Elle doit me présenter à sa prof, paraît-il. Du moment que c'est pas sa mère... Bon, à la prochaine chicane... J'adore cette expression.

CARNET NOIR : Je retrouve mon vieux complice Diderot quand je suis trop fatigué et que ce monde m'épuise par son obsession à se mettre dans le pétrin. Vous ne

181

trouvez pas que chaque fois qu'on croit avoir réglé un problème concret (une maladie éradiquée, une guerre terminée), on se farcit aussitôt un drame dont on se demande de quelle nature il est? On a un problème et on ne sait pas de quoi il s'agit. Ce n'est pas ainsi qu'on parviendra à s'en sortir. On s'insulte à défaut de se mettre ensemble pour tenter de résoudre l'affaire. Dans ce cas-là je mets de l'eau chaude dans la baignoire, je ferme la porte de la salle de bains, je prends un livre et me glisse dans un autre temps. *Le Neveu de Rameau*, dont je relis sans cesse les premières phrases, et surtout *Jacques le fataliste et son maître*, si vif, si brillant, qui a fait de Diderot le plus rapide sprinter de la littérature, et surtout l'être le plus joyeux que je connaisse. Je lis à haute voix ce matin *Le Neveu de Rameau* : «Qu'il fasse beau, qu'il fasse laid, c'est mon habitude d'aller sur les cinq heures du soir me promener au Palais-Royal.» Si vous écrivez ça maintenant, on vous demandera d'éviter la répétition et ça donnera ceci : «Qu'il fasse beau ou laid...» Diderot a voulu instaurer dès le départ un mouvement de hamac, souple et généreux. Pas d'économie. On n'est pas dans *Jacques le fataliste et son maître*, où le récit file à toute allure comme si on se sauvait d'un endroit dangereux. Ici, Diderot veut prendre son temps, s'asseoir, même. Dans cette première phrase, il a donné la météo pour dire qu'il ne s'en soucie guère, l'heure exacte de sa promenade et l'endroit du rendez-vous pris avec le lecteur. C'est qu'il parle directement à la caméra. Du fond du XVIIIe siècle, il nous regarde droit dans les yeux. Quelle hardiesse! Déjà à la deuxième phrase, il est en voix off. Il se met en scène. Cette séquence qui paraissait si tranquille se passe en réalité à une folle allure. Diderot se sert du mouvement pour filmer l'immobilité. Il faut imaginer la petite équipe de cinéma autour de lui. «C'est moi qu'on voit toujours seul,

182

rêvant sur le banc d'Argenson.» Cette phrase fixe l'action dans un temps précis (il est cinq heures et un homme vient s'asseoir sur un banc dans un parc) tout en signalant que ce temps est intemporel. D'où le mot «toujours». Diderot se sait universel à cet instant. Le cadrage se fait plus serré: «Je m'entretiens avec moi-même de politique, d'amour, de goût et de philosophie.» On dirait le menu de sa vaste encyclopédie. Toujours ce goût, que je partage fermement, du buffet chinois. On se sert. Ce n'est pas un obsessif. La caméra est serrée sur son visage, mais son univers mental n'a pas de limite. Et sans préméditation: «J'abandonne mon esprit à tout son libertinage. Je le laisse maître de suivre la première idée sage ou folle qui se présente...» Une phrase et demie, et le voilà déjà effrayé par ce discours théorique qui pourrait ennuyer (pour lui l'ennui est pire que la mort) le spectateur, et la caméra le quitte pour filmer les jeunes gens en maraude: «...comme on voit dans l'allée de Foy nos jeunes dissolus marcher sur les pas d'une courtisane à l'air éventé, au visage riant, à l'œil vif, au nez retroussé, quitter celle-ci pour une autre, les attaquant toutes et s'attachant à aucune.» C'est un peu sa vision des choses. Diderot se voit bien dans cette scène. Il est un de ces garçons. Toujours le côté buffet chinois. Ce n'est pas un banquet où l'on vous sert peut-être abondamment, mais où l'on reste assis, c'est un buffet et sa particularité c'est qu'on se déplace pour aller se servir, comme ces jeunes gens. Ainsi on a plus de liberté, et la scène est plus joyeuse que celle d'un banquet plutôt statique. Il termine ce court-métrage avec une idée doublement provocatrice: «Mes pensées sont mes catins.» La première provocation, c'est de comparer une pensée à une petite prostituée, et la deuxième, encore plus hardie, c'est de juxtaposer une réflexion et un corps. L'idée c'est de montrer que l'esprit est aussi vivant que la matière. Et c'est pour ça qu'on ne lit pas Diderot, on mange ses phrases.

Si tu ne te sens pas le goût d'écrire, Mongo, tu peux toujours lire. Si j'écris, c'est pour qu'on me laisse lire en paix. On trouve si naturel un écrivain avec un livre que je deviens à l'instant invisible.

COMMENT S'INFILTRER
DANS UNE NOUVELLE CULTURE

À Mongo
si impatient de comprendre
son nouveau pays que
ce sera à lui
dans vingt ans
de nous présenter
le prochain Québec.

DL

*Qu'importe
où je serai
si je suis toujours
le même et
ce que je dois
être ?*

John Milton

Avant-propos

Je crois avoir fait un petit livre assez spontané où j'ai laissé
mes expériences remonter tranquillement à la surface. J'ai
noté chaque idée ou image qui m'a traversé l'esprit. Juste
des notes qui pourront aider, j'espère, un jeune homme qui
vient d'arriver à Montréal. Les gens qui n'ont jamais quitté
leur pays ne peuvent savoir ce qu'il coûte de se retrouver
dans un jeu dont on ignore les règles. On passe des mois à
observer sans pour autant comprendre cet étrange ballet.
Quand on croit tenir l'essence de cette société, on découvre
des années plus tard qu'on était loin du compte. En fait, on
est passé à côté. C'est qu'on ne pourra rien saisir si on ne se
laisse pas aller. On se jette dans cette foule liquide et on fait
ce qu'on peut pour ne pas se noyer. Alors à quoi servent ces
leçons ? À rien, puisqu'on ne peut pas transmettre une
expérience. Pourquoi l'avez-vous écrit ? Comme ça.
Comme ça ? Disons pour tenter de mieux connaître ce
monde agité qui m'entoure, mais c'est surtout que ça me
donne la possibilité d'écrire. Pourquoi est-ce si important
d'écrire ? Ça me calme.

1. L'immigré parfait

Je ne prêche pas ici l'adaptation pour se faire aimer. Simplement parce que c'est un moyen de survie. On s'adapte ou on meurt. C'est ainsi dans tous les pays. Une nouvelle ville, avec des codes inconnus et des manières inédites, est toujours une jungle. Si vous ne voulez pas vous faire avaler par la machine, il faut connaître les règles qui sont généralement établies avant votre arrivée. Ne discutez pas de cela. C'est une perte de temps. Plus vite vous apprendrez ces règles, plus rapidement vous pourrez les contourner.

C'est cela, le but final de l'opération : suivre son propre rythme. On observe d'abord, et après on saute dans l'arène. Une technique de survie apprise en regardant les enfants se faire un chemin dans la vie. Les enfants sont bien les maîtres du genre. Ils sont capables d'apprendre, en moins de quatre ans, une langue étrangère sans accent. Cette langue qu'on appelle si joliment et si faussement la *langue maternelle*, alors qu'il s'agit de celle de la communauté. La vraie langue maternelle est un mélange d'onomatopées baveuses, de baisers mouillés, de chatouillements sur le ventre et la plante des pieds, et de rires complices. Beaucoup de néologismes, aucune structure grammaticale, mais chacun comprend parfaitement l'autre : personne d'autre qu'une mère ne parle une telle langue. L'enfant s'en écarte pourtant dès qu'il peut pour s'efforcer de parler la langue de tout le monde. Car il entend, malgré sa mère, rejoindre la grande tribu où il va déployer une énergie incroyable pour mener une vie autonome.

Pour se détacher de sa mère, il apprend à marcher. Tout de suite après, il se met à courir partout. Il se mêle aux autres, parle sans cesse, répète les mêmes mots jusqu'à les incruster dans sa chair. Il sourit à tout le monde, même à ceux qu'il ne reverra jamais – en fait, il n'est pas au courant de l'immensité ni de l'infini du temps. Tout se joue pour lui dans un bouquet de secondes. Il se fait des amis peu recommandables dès que sa mère regarde ailleurs. Il applique ce premier principe : plus vous regardez quelqu'un, plus il s'intéresse à vous. En effet, qui peut résister à des yeux aussi perçants et à ce sourire plus grand que le visage qui l'héberge ? Jamais de jugement de valeur : personne n'est ni beau ni laid, ni gros ni maigre, ni intelligent ni stupide pour lui. Il ne voit ni le sexe, ni la couleur, ni la classe de celui à qui il offre son cœur. Par contre, il s'éloigne de ceux qui veulent le retenir pour foncer vers ceux qui ne succombent pas encore à son charme. Il touche à tout, dessine sur tous les murs, et casse tout ce qui se trouve à sa portée. Il est subversif. Il absorbe quotidiennement une quantité incroyable d'informations qu'il trie dans son sommeil. C'est un monstre. C'est ainsi qu'en moins de quatre ans, il pourra parler une langue étrangère. Dans peu de temps, il commencera à distinguer des concepts totalement abstraits comme le passé et le futur. C'est lui, l'immigré parfait, qu'il faudra suivre si on veut s'infiltrer aisément dans une nouvelle culture.

2. Les saisons

Le climat s'impose. On ne peut pas l'éviter. N'en faites pas un cas. Il peut vous apprendre des choses. Observez comment les gens bougent dans l'espace. On ne marche pas en hiver comme en été. Les muscles sont bandés en hiver, et on avance les bras près du corps. Au printemps, on commence un strip-tease qui se termine au milieu de l'été. Les couleurs de l'automne vous permettent d'habiter un paysage si somptueux qu'il vous étourdit – essayez alors la route qui mène de Montréal à Québec. Un enchantement. Vers la fin de l'automne, quand toutes les feuilles sont tombées pour permettre à la neige d'habiller les arbres à son tour, on a l'impression de vivre un avant-goût de la mort.

Il faut sept ans de présence constante au Québec pour pouvoir distinguer les saisons – je ne parle pas de la température variée qu'on ressent dans sa chair à chaque fois, mais de l'impact des saisons sur notre psyché –, et quinze ans pour reconnaître les qualités de chacune. Avant, on croit qu'il n'y a que l'hiver, et une légère pause en juillet. Ne perdez pas votre temps à cracher sur l'hiver. Cela ne sert à rien, il revient chaque année. Ici, on parle de l'hiver comme on cause du vin en France, c'est-à-dire qu'on en parle sans cesse. Chaque tempête a son goût, pour ne pas dire chaque flocon. Cette saison a développé une littérature (*L'hiver de force* de Ducharme), une peinture (les toiles de Lemelin), une cuisine (la tourtière de Jehane Benoît), et un cinéma (*Kamouraska* de Claude Jutra).

Si vous voulez être bien vu dans un salon, faites une tirade sur votre fascination pour l'hiver. Dites votre bonheur de vous promener dans une forêt enneigée. Ne vous inquiétez pas de l'à-propos de votre intervention : on peut parler de l'hiver n'importe quand, sauf en été bien sûr. Il arrive que l'hiver traîne encore jusqu'en juin. Ce n'est pas le froid de février, mais le corps épuisé refuse alors la plus légère brise froide. Si on parle immigration, glissez dans la conversation que vous aimez l'hiver – et vous verrez votre cote grimper à toute allure dans la cuisine (le lieu de réunion par excellence), où la discussion faisait plutôt la part belle à la campagne électorale. Certains émettront un doute par rapport à votre goût pour l'hiver, surtout si vous venez d'un pays du Sud, mais restez ferme. Dites que l'hiver est magique et qu'il n'y a rien de plus beau qu'un flocon de neige, ni de plus fascinant que de penser qu'ils sont tous uniques. Et vous verrez les yeux de vos hôtes s'illuminer comme des ampoules de Noël. D'ailleurs, on vous racontera en détail les Noëls d'autrefois, où la neige était plus abondante qu'aujourd'hui. Les bordées de neige d'avant l'Expo 67. Depuis, on a moins de neige chaque année. Et vous ne tarderez pas à être connu non pas comme le Camerounais de passage, mais comme l'Africain qui danse avec les flocons. On vous invitera partout pour entendre votre tirade sur la neige.

Par contre, si vous dites que vous n'aimez pas l'hiver, tout le monde sera d'accord avec vous, et on n'en parlera plus. Ma saison préférée c'est le printemps, même s'il est souvent pourri, car on sait qu'on va dans la bonne direction. L'été ne commence pas avant que je ne croise une jeune fille en mini-jupe, jambes nues, descendre à folle vitesse la rue Saint-Denis.

3. Ghetto

La première chose à faire, c'est d'essayer de quitter le ghetto. Et bien sûr, ça ne se fait pas facilement. Dans un ghetto où ne vivent que des gens qui se ressemblent, qui partagent les mêmes idées, surtout les mêmes récriminations, on risque de ne rien apprendre. Remarquez qu'il y a toutes sortes de ghettos. Le ghetto de riches qui se trouve forcément dans un quartier bourgeois où les résidents ont les mêmes préoccupations, ou le ghetto d'intellectuels où les discussions sont souvent orientées vers une conclusion où l'avenir du peuple est réglé. Tous les endroits où s'agglutinent des gens de même culture et de mêmes intérêts sont des ghettos. Je n'ai jamais compris pourquoi cette dénomination va uniquement aux quartiers pauvres, juifs, noirs ou arabes. Si on séjourne trop longtemps dans un ghetto de riches, de Noirs ou d'intellectuels, on risque de s'encroûter. Cette chaleur humaine, si elle réchauffe le cœur, tend à ramollir l'esprit.

On peut comprendre l'utilité du ghetto. Après avoir été sur le qui-vive toute la journée au travail, on se sent soulagé de se retrouver le soir avec des gens qui partagent la même condition et la même sensibilité que soi. On n'a pas à se forcer ni à se surveiller – on se laisse aller. Le corps mou, et l'esprit endormi. Le ghetto protège. On parle avec des gens qui comprennent nos silences et partagent nos souffrances. Et avec qui on pourrait évoquer nos débuts difficiles, et le fait qu'on est l'avant-garde d'une armée dont le gros de la troupe est resté au pays natal. Des soldats à qui il faut envoyer des bottes, de l'argent et de la nourriture pour qu'ils ne perdent pas cette guerre qui fait rage un peu partout au sud de la vie. Guerre contre le dictateur, la faim, la maladie, le sorcier. On peut causer avec des voisins qui vous comprennent quand vous dites que les deux-tiers de ce qu'on gagne vont au pays. Que ceux de là-bas n'économisent pas, car ils savent que vous êtes là. Ils ne vous demandent jamais comment vous gagnez cet argent, ils se contentent de le recevoir et d'en attendre encore.

Vous aimez assez votre famille pour donner votre sang pour elle, mais parfois vous aimeriez qu'on vous dise merci. Qu'on reconnaisse que l'argent ne pousse pas sur les arbres, et qu'il ne se ramasse pas non plus par terre en Amérique du Nord, comme le veut un dicton du Sud. C'est si bon de se plaindre. Un cataplasme sur la blessure. On fait le plein de tendresse pour pouvoir affronter sa condition d'ouvrier au salaire minimum dès le matin suivant. Mais après un certain temps, on commence à tourner en rond dans cet espace clos où chacun connaît trop bien l'autre. Ce paradis se transforme en enfer. C'est qu'on ne peut pas passer sa vie à gémir, même si on a raison. La pire situation, c'est d'avoir raison sans avoir les moyens de changer sa situation. Tout ça finit par vous épuiser. On risque de ne plus avoir la force de quitter le ghetto.

4. Mystère

Il ne faut pas se faire remarquer trop rapidement. Vous risquez de devenir un porte-drapeau. Comme ce soir où vous avez brillé avec votre tirade sur la neige. Variez les sujets pour qu'on ne vous épingle pas. Qu'on ne puisse pas vous mettre dans une case. Comparez Jacques Ferron avec Witold Gombrowicz et non avec Jacques Roumain ou Mongo Beti. Vous ne connaissez pas encore ni Ferron ni Gombrowicz? Renseignez-vous. Allez dans la petite librairie d'à côté et achetez *L'amélanchier* et *Ferdydurke*. Vous verrez les gens, dans l'étroite cuisine enfumée, se précipiter pour savoir qui est ce Gombrowicz qui ressemble tant à notre Ferron. Même tempérament de mythomane inquiet (pas autant que Malraux). Leurs œuvres criblées de précisions trompeuses et de maniaqueries de style. Ils monologuent avec une telle autorité (*Journal* de Gombrowicz et *Du fond de mon arrière-cuisine* de Ferron) qu'on a l'impression qu'ils ne peuvent que dire la vérité. L'information n'est pas toujours juste, mais ils misent sur la vérité esthétique. C'est ainsi qu'ils parviennent à inventer, ce qui est rare, une nouvelle forme de récit. Les grands écrivains ont de grands défauts. Les petits n'ont ni défauts ni qualités, ils ne se battent qu'avec la page blanche.

Les grands se battent contre eux-mêmes. Ne pas perdre la raison principale de cette discussion sur Ferron et Gombrowicz : si vous les avez évoqués, c'est pour qu'on ne voie pas en vous uniquement un intellectuel du Sud. Vous finissez par intriguer assez pour qu'on ne cherche plus à vous saisir. Protégez votre intimité jusqu'au mystère. C'est votre force. N'en jouez pas trop, cela agace. Trouvez un équilibre. Il y a ce paradoxe de dévoiler les choses de telle manière qu'on ait l'impression que les anecdotes que vous racontez à votre propos vous voilent plus qu'elles ne dénudent.

5. Étudiez le nouveau pays

Il est temps de rentrer à la maison avec sa cargaison de nourritures intellectuelles pour se sustenter durant les jours maigres. On fait gras en hiver si on ne veut pas attraper toutes les maladies liées à cette saison, dont la pire est la dépendance à la télé. C'est le moment de se glisser sous les draps avec des livres d'histoire, de géographie et de poésie. Pour comprendre un nouveau pays, il faut l'observer longuement. On peut se faire aider par des gens qui en connaissent un rayon. Des gens qui l'ont arpenté aussi, ou qui l'ont cartographié. Afin de savoir où l'on se trouve dans l'espace.

Se nourrir aussi des histoires hautes en couleurs de l'époque héroïque de la colonisation – rien à voir avec votre idée de la colonisation. L'homme québécois se bat contre la nature qu'il finit par coloniser, c'est-à-dire en déboisant les forêts pour bâtir des villes et des villages. Braver le froid pour construire des ponts sur les rivières. Ouvrir des chemins nouveaux dans le Nord. Affronter les mouches noires. Apprivoiser des animaux sauvages. Alors que la colonisation, dans le Sud, c'est un pays puissant du Nord qui débarque dans un pays et soumet à sa volonté toute la population, comme s'il s'agissait de zombis. Les mots prennent des sens différents selon l'histoire du pays. Vous ne serez pas choqués alors d'entendre les gens d'ici parler de la colonisation comme d'un grand moment de leur histoire. Le colon est en fait pionnier. Il devait être un rude travailleur, car il y avait tant à faire à cette époque. Il faut analyser d'autres points aussi : le temps historique ici n'est pas aussi long qu'en Europe ou en Afrique. C'est une épopée. Les gens ont raison d'être fiers d'avoir tant fait en si peu de temps. Arrêtez donc de comparer Montréal avec Berlin, Madrid ou Paris, même si sur certains points la comparaison se tient. Ici on pratique une culture d'accordéon : certains jours on se croit au même niveau que ces villes, d'autres jours on se dit aussi minuscule qu'un village. On a tort dans les deux cas, mais ne faites aucun commentaire.

Quelques années plus tard, votre risquerez une interprétation personnelle de la société. Les gens vont l'accepter, pas parce qu'ils la croient juste, mais parce qu'elle viendra enrichir l'imaginaire populaire. Un pays est un roman écrit par ceux qui l'habitent. Chaque interprétation nouvelle l'enrichit. Tout d'abord, il faut avoir une connaissance des textes fondateurs. En vous penchant sur l'histoire d'un peuple, vous légitimez en quelque sorte ce mélange de vérités et de mensonges qu'il a tissé au fil des siècles. Est-ce pourquoi les *gens du pays* (Vigneault) sont si intrigués de voir un étranger s'intéresser à ce qu'ils ont rafistolé durant de longues nuits d'incertitude ? Cela les rassure d'entendre leurs récits chantés sur des rythmes différents. Notre vision de nous-mêmes est une mythologie partiale et subjective. C'est notre monologue, et il nous arrive de nous demander si nous sommes complètement hors champ.

À tenter constamment de nous convaincre du bien-fondé de notre récit fondateur, nous ne savons plus où nous en sommes avec nos vérités et nos mensonges (encore Vigneault). Tout le monde a entendu mille fois la même histoire, qu'on cherche à incruster dans la chair des gens. Certains sont pour, d'autres sont contre. Des positions si rigides qu'on a l'impression que les adversaires sont sortis, un soir d'hiver, discuter dehors et qu'ils sont restés figés pour l'éternité. Alors les gens attendent de nouveaux arguments qui viendront enrichir le récit fondateur et nous sortir momentanément de ce cercle vicieux qui rend fou. Cela vaut pour toute société. Ne prenez pas tout de suite position (je donne souvent ce conseil) dans un débat plus que centenaire. Dites que vous devez étudier encore la question parce qu'elle est complexe, car dès que vous vous retrouvez dans un camp, votre opinion ne compte plus.

6. Repères concrets

On n'aime pas les gens qui cherchent à changer la coutume de l'autre pour la remplacer par la leur. De toute façon, cela ne marchera pas, parce qu'il n'y a aucune logique dans une tradition, à part la légitimité du temps. C'est une posture souvent frileuse qui consiste à ne pas chercher à innover, car le passé est porteur d'un savoir indiscutable. On essaie de se rapprocher de nos ancêtres en conservant leur manière. On veut la soupe exactement comme notre grand-mère la faisait. Ce n'est pas forcément la meilleure soupe qui soit, mais en la buvant, on revit notre enfance. On boit un moment d'intimité et de chaleur affective.

Quelque chose de frais et de naturel qu'on voudrait garder dans un monde où tout est fait à la chaîne. Une soupe faite sur mesure pour notre bonheur. De plus, ce retour au passé donne un sens à notre présent. Et vous arrivez de votre Cameroun en proposant votre soupe nationale, une soupe que vous affirmez meilleure que celle d'ici. C'est assez stupide de comparer les coutumes ou de questionner les goûts. Ces choses ont des racines profondes dans la vie des gens. Et servent de repères sur le fil du temps. Sinon on risque de se perdre en chemin. Par ailleurs, il y a des gens nés au pays qui détestent la soupe, ce qui ne les empêche pas de s'asseoir à la table familiale pour partager le moment. Tu te rappelles, dit l'un d'eux, la soupe de grand-mère? C'était une torture pour moi. Avec le temps, c'est devenu un souvenir commun. On n'y touche pas. Un jour, tu pourras offrir ta soupe, Mongo.

7. L'HUMOUR

L'humour se fait de moins en moins dans la vie quotidienne, et de plus en plus sur les planches. Et même là, il est très compartimenté : un handicapé a le droit de rire des handicapés, un obèse des obèses, un Noir des Noirs, une femme des femmes, un homosexuel des homosexuels. On dirait des corps de métier syndiqués. Dans un pareil cas, l'humour ne peut être que convenu. On ne rit de quelqu'un que s'il rit d'abord de lui-même. Cela arrive quand le pouvoir est mal distribué dans une société. Quand il se retrouve dans les mains d'un groupe puissant. Les minorités se crispent alors et refusent qu'on rie d'elles en plus. On n'accepte la plaisanterie que quand on se sent en confiance. Et cette confiance n'arrive que si on devient un membre actif de la famille. Ce qui suppose qu'on a son mot à dire dans les décisions de la maison. Peut-on accepter qu'on se moque de nous en toute quiétude quand on n'a pas les moyens matériels de se moquer d'eux en retour? Il faut une salle vaste, propre, bien sonorisée, et un public qui partage ce que vous avez à dire. Dans le cas d'un franc succès, cela peut devenir un phénomène social par l'entremise de la télé – on sait bien qui a accès à la télé.

L'humour n'est jamais innocent. Il révèle les inégalités d'une société dans ce qui se dit – et surtout *qui* le dit. Généralement, c'est un pouvoir accordé aux faibles qui cherchent à rétablir l'équilibre social en se moquant des puissants. Pas tout le temps. Est-ce de l'humour quand le loup se moque de l'agneau? On ne doit pas non plus se contenter de regarder passer le train. Il faut entrer dans l'arène. Beaucoup de problèmes, dont la langue. La langue de l'humour (je n'en pense aucun mal) est une langue rapide, bourrée d'expressions populaires (c'est un art grand public), avec de vifs changements de rythme. Il est à peu près impossible de pénétrer ce cercle si on n'a pas une maîtrise incroyable de cette langue codée et une connaissance de la culture générale (la politique, les vedettes populaires, les personnages colorés de l'histoire nationale), et si on n'est pas un assidu de *Saturday Night Live*, *La Petite Vie*, *Samedi de rire*, et autres émissions humoristiques nord-américaines. On n'entre pas dans l'humour québécois sans avoir fait de bonnes études locales. Et sans de solides relations (comme partout où beaucoup d'argent passe de main en main) dans ce milieu où la salle est vaste et la porte est si étroite qu'il y a une longue queue d'humoristes qui attendent dehors dans le froid.

Si ça continue, l'humour québécois risque de s'asphyxier à force de garder les fenêtres fermées. Il faut ouvrir plus largement cette porte, surtout à des gens qui risquent de renouveler les récits qui chatouillent la rate. Ce que le Québec a fait en littérature. Je ne parle pas uniquement de cette apparition d'écrivains qui ne sont pas nés au Québec, mais aussi des romans écrits par des écrivains nés ici qui se déroulent ailleurs. Il est temps de tenter de rire autrement.

8. Mauvais goût

Pas besoin non plus de faire semblant d'aimer la poutine pour autant. C'est souvent pour voir si vous n'êtes qu'un vil flatteur qu'on veut votre avis sur la question. Mais le fait de ne pas aimer la poutine n'implique pas qu'elle doit disparaître. La poutine, c'est le mauvais goût d'une société. On y tient autant qu'au bon goût. Le bon goût est là pour montrer le progrès accompli par une société qui, hier encore, mangeait pour ne pas mourir de faim. Et qui soupçonnait tout gastronome de perversité. L'équivalent d'un Sade de la bouffe. À l'époque où un seul fromage nous suffisait, comme les États-Unis se contentaient pendant longtemps d'une seule boisson gazeuse : Coca-Cola. Le bon goût est souvent décrété par une élite qui entend se mettre au diapason du reste du monde moderne. C'est ce bon goût qui relie les grandes capitales entre elles. Une exposition d'Andy Warhol, comme une tournée de rock star, suivra le même circuit : Paris, Tokyo, Milan, Berlin, New York, Madrid. Si Montréal veut être dans la liste, elle doit multiplier le nombre d'événements qui affichent son goût sûr. Pour être bien vue de Paris, Montréal doit améliorer son pain. Et Montréal a travaillé durement durant ces trente dernières années pour y arriver. Et elle entend s'accrocher à cette liste, tout juste derrière Madrid. C'est son côté bon goût.

Mais le mauvais goût, qui vient souvent des traditions et qui fait l'originalité de sa culture, on y tient aussi. C'est notre vie secrète, celle qu'on n'affichera pas. Elle nous empêche de tomber dans la mondanité. De ne vivre que pour bien se faire voir des autres. Et c'est dans ce creuset de mauvais goût que nos créateurs vont chercher l'épice originale qui donnera un goût particulier au plat. On ne s'attend pas à ce qu'on aime la poutine, mais on aime bien quand l'autre comprend sa place dans la culture populaire. On peut refuser de manger la poutine, mais ce n'est pas recommandé de la ridiculiser. De toute façon, chaque culture a sa poutine, sinon comment pourrait-on évaluer notre progrès ?

9. Bain naturel

Je crois que c'est le moment de préciser mon propos. Je n'entends pas ici faire passer les natifs pour des imbéciles qu'on peut berner à volonté en leur lançant une flatterie comme on jette un os au chien. Je tente de déplacer le regard du nouveau venu. De faire en sorte qu'il ne braque pas son projecteur uniquement sur la culture d'en face. S'il gardait en tête la sienne, en comparaison, il pourrait mieux savoir quand il blesse l'autre. Quand on est seul face à une collectivité, on a tendance à se croire le plus faible, donc à se donner constamment le beau rôle. On croit toujours justes les récriminations de la victime. Ce n'est pas cette société qui a fait de vous une victime. C'est la culture, la religion ou la politique de votre pays qui vous ont éjecté de votre bain naturel. Si vous n'êtes plus chez vous, c'est parce qu'il y a un problème là-bas. Quelque chose à quoi vous refusez de coopérer. Un point qui heurte votre vision de la vie. Vous avez eu raison de vous échapper de ce monde invivable.

La solution, c'était ce nouveau pays que vous rêviez d'intégrer. Vous aviez fait volontairement des démarches en ce sens. Il ne faut pas que la solution devienne le problème. C'est une tendance chez tous ceux qui ont souffert de vouloir faire payer à tout le monde leurs difficultés. Au lieu de tout effacer pour recommencer à zéro, on ajoutera à la souffrance accumulée au fil du temps dans son pays natal la moindre difficulté qu'on croise sur son chemin dans le nouveau pays. Il faut ajuster son regard. Le nouveau pays n'est pas un prolongement du pays d'origine. Et les gens d'ici n'ont pas à payer pour les malheurs passés. Parce que si on ne met pas tout ça rapidement en perspective, on risque de comparer une séance de torture en règle sous un régime dictatorial à une attente trop longue chez le dentiste.

C'est un problème si répandu que je me demande s'il n'est pas d'ordre médical, en un mot, si on n'arrive pas un peu étourdi dans le nouveau pays, après avoir vécu dans un pareil enfer. Le plus urgent à régler, pour le nouveau venu, c'est de savoir où il se trouve. De comprendre que les gens du nouveau pays ne sauraient pas toujours pointer du doigt son pays sur une carte. Ils ne sont pas responsables de votre situation. On ne vous demande pas de les aimer ni de les détester, mais de regarder la nouvelle ville comme une page que vous aurez à remplir, et non comme la suite logique de votre journal de bord. On ne connaît pas vos coutumes, ni votre pays, ni votre drame personnel. Par contre, vous avez une chance de vous intéresser à quelque chose de neuf : votre insertion dans une nouvelle société. Soyez froid, logique, cela aidera mieux que les délires paranoïaques qui vous empêchent de comprendre votre situation. Vous n'êtes pas le seul dans cette ville à avoir des problèmes. Vous n'êtes même pas le seul qui vient d'arriver.

10. Consensus

Cette ville existait avant votre arrivée. On ne vous a pas attendu pour la faire. Ce qui ne signifie nullement que vous n'avez pas votre mot à dire dans cette histoire. Vous pouvez y apporter un dynamisme nouveau. Une fraîcheur. Mais en attendant, il vous faut apprendre les règles de cette société. Comprendre comment ça marche pour ne pas épuiser votre énergie dans des combats inutiles. C'est la raison de ce petit livre, vous épargner les combats inutiles.

Un exemple : ce pays voit tout en collectif. Si vous venez d'une culture, comme la mienne, qui accorde beaucoup d'importance à l'aventure individuelle, vous allez finir dans l'amertume, si vous ne changez pas tout de suite de vision. Ici, on négocie ou on ne négocie pas. Tout se fait en groupe. Cela doit être une des leçons de l'hiver. L'hiver est une saison collective. On sait que si on se sépare du troupeau, on risque s'égarer et c'est la mort certaine. L'été est une saison plus individuelle. La chaleur protège les élans personnels. Si vous faites une brillante sortie dans un débat, on vous applaudira à coup sûr, mais on votera contre vous. Pas parce que on est contre les idées que vous avez formulées, plus contre votre démarche. Il fallait négocier ces points avant même d'arriver à la table de négociation. Chaque décision prise aujourd'hui est en discussion depuis dix ans au moins.

Ce n'est pas la logique qui intéresse cette société, mais le consensus. Voilà un mot que vous ignoriez avant. Pour vous, c'est une perte de temps. Pour eux, c'est du temps gagné puisqu'il est plus difficile de défaire une décision prise en commun. Ce qui ne veut pas dire qu'il n'y a pas de coup de tête. Ce sont des Latins aussi. Un peuple de contradictions. Mais généralement, qui négocie. Lent à se décider mais prompt à agir.

11. LA TÉLÉ

Pour le nouveau venu (c'est un statut qui ne dépend pas de vous uniquement), la télé est souvent l'unique compagnon durant les longues nuits d'hiver. On connaît rapidement tous ceux qui passent leur vie au petit écran. Les jeunes filles arrivent toutes pimpantes, on va aux toilettes et au retour elles sont couvertes de rides. Pour les hommes, c'est la perte de cheveux. La télé ne tolère qu'une dentition parfaite. Monde de rêve qui peut s'écrouler d'une saison à l'autre. On s'assoit dans un vieux fauteuil ramassé au coin de la rue pour regarder les autres faire semblant de vivre sur un écran grand comme un timbre-poste. Si on n'y fait pas attention, on risque d'y passer sa vie. Là encore, on devrait ouvrir l'espace, pas comme on dit à d'autres visages, mais à d'autres cultures. Il suffit de peu de choses pour renouveler un récit. Et si *Le Survenant* de Germaine Guèvremont, au cinéma, était un grand Sénégalais ? Tout prendrait alors une tonalité nouvelle. Et le roman deviendrait d'un coup universel.

12. PREMIÈRE NUIT

L'amour physique arrive tout de suite. On rencontre quelqu'un dans un bar. On s'embrasse en dansant un reggae.

On prend un taxi pour se retrouver dans une chambre inconnue avec encens, petite bibliothèque et posters de Camille Claudel à côté de Che Guevara. Au matin, on découvre un visage différent, souvent plus dur que celui de la nuit. On prend le café tout en s'épiant l'un l'autre. On part avec un numéro de téléphone dans la poche, qu'on ne tardera pas à perdre.

13. L'AMITIÉ

L'amitié est plus rare. On peut passer une vie entière dans un nouveau pays sans la trouver. L'amitié masculine s'enracine dans cette mythologie virile : la chasse, la pêche, le hockey, la bière. Un samedi soir au centre-ville. Une façon de parler des filles. Il arrive que le premier type avec qui on s'est battu devienne notre copain pour la vie. C'est une forme de contact. Sinon on vit dans un monde abstrait sans lien avec les autres. C'est ainsi qu'on se fait des idées fausses sur les autres. J'entends souvent des gens dire que s'ils n'ont pas d'amis ici, c'est parce que les natifs n'ont pas le sens de l'amitié. C'est aussi stupide que de dire que la poule n'a pas le sens de l'œuf. L'amitié est exempte de méfiance. Elle se nourrit de gratuité et d'eau fraîche. Parfois c'est une fille avec qui on a passé une nuit grise qui devient l'amie des mauvais jours.

14. LE LANGAGE DU CORPS

Si vous vous retrouvez dans une discussion face à un natif, sachez tout d'abord qu'il va vous écouter, avec un sourire avenant, pendant de longues minutes. Il ne faut pas croire qu'il avale tout ce que vous dites. Il vous écoute parce qu'il est d'abord d'un peuple qui a une tradition de silence. Mais il n'écoute pas uniquement vos arguments, il vous observe pour voir si vous vous écoutez parler – la faute impardonnable ici. Si votre ton est sans réplique, il se contentera de sourire sans jamais dire un mot. Il voudra savoir aussi où vous vous situez par rapport au Québec, si vous êtes de ceux qui croient que les Québécois ne sont que des paysans qui n'ont jamais quitté leur rang. S'il vous trouve *correct*, il vous racontera sa vie d'une traite. Sans arrêter de commander de grandes chopes, des pichets, sans chercher à savoir si vous aimez la bière. C'est ce qu'il appelle une cuite et c'est sa façon de vous dire qu'il vous adopte. Vers la fin de la soirée, il vous racontera sa vie. Pas une vie enjolivée, comme on sait faire dans le Sud. La vraie vie. *La Petite Vie*. L'homme québécois se retrouve mieux dans le concret que dans l'abstrait, dans l'intime que dans le public. Sauf sur trois points précis où il devient sans retenue : la température, la politique et le sport (hockey, chasse et pêche).

15. L'IMPORTANCE DU REGARD

On accorde ici beaucoup d'importance au regard. Si vous ne regardez pas la personne à qui vous vous adressez, c'est que vous êtes en train de mentir. Vous êtes un fuyant. Alors que dans certaines cultures du Sud, c'est manquer de respect à quelqu'un de plus âgé ou de plus important dans la hiérarchie sociale que de le regarder dans les yeux. Une attitude considérée souvent comme agressive dans ces contrées chaudes. Dans le Nord, on entend dire de quelqu'un qu'il est fourbe parce qu'il regarde ailleurs quand il vous parle. Pour savoir comment placer son regard, je conseille de se mettre au régime des téléromans. C'est la meilleure école puisque dans les téléromans on ment comme on respire tout regardant l'autre dans le blanc des yeux. Ne pas obéir à ce code semble être plus fautif que le fait de mentir.

16. Recevoir à souper sans se ruiner

Pourquoi croyez-vous que les gens sont heureux de vous écouter toute une soirée vanter les mérites de votre pays d'origine tout en critiquant sans cesse le leur ? Eh bien, ils ne le sont pas. Vous le savez maintenant.

On commence par vous écouter d'abord avec intérêt, puis poliment. Après deux heures, on en a marre. Au début, on vous trouvait acide, drôle, puis au fur et à mesure que la soirée avance, vous devenez juste impoli. Il est encore possible de sauver la situation avec une seule histoire en faveur du Québec.

Par exemple, en Haïti, les gens se ruinent littéralement afin de bien recevoir leurs invités à un mariage, un baptême, une première communion, des funérailles ou même un simple souper en famille. J'ai vainement cherché une solution à cette bêtise. En arrivant ici, j'ai été invité à un souper, et à mon grand étonnement, chacun apportait un plat de son choix. Et une bouteille de vin. On a bien mangé sans que notre hôtesse ait trop dépensé. Étonnamment, j'ai commencé par critiquer une telle pratique (c'est à la personne qui vous a invité de vous nourrir) pour comprendre après que c'était la solution pour Haïti. Ça m'énerve quand les riches jouent à ça. C'est parfait pour des gens obligés de se serrer constamment la ceinture.

La mauvaise idée, c'est la vaisselle. Je trouve que c'est trop. Est-ce parce que la conversation est un moindre plaisir au Québec ? Pour moi, c'est le vrai dessert. Avant même d'avoir fini de manger, la maîtresse s'éclipse discrètement pour aller commencer la vaisselle. Aussi discrètement, les autres femmes quittent la table pour l'aider à essuyer. Je ne vois pas l'intérêt d'un tel rituel qui ne fait que saboter la fin du repas. On pourrait laisser ça pour demain. Rien n'est plus joli qu'une table sur laquelle traînent des restes de repas. Des fruits colorés. Et la lune par la fenêtre, comme dans une toile de Renoir.

L'argument pour se précipiter vers la vaisselle, c'est que plus on est nombreux, plus vite cela se fera. C'est ne pas tenir compte de cette langueur qui nous atteint à la fin d'un repas. Moment de confidences qui permet de mieux se connaître. Personne ne trouve son compte dans cette coutume. Les hommes se considèrent niais de rester assis à la table tandis que les femmes se voient encore une fois réduites au rôle courant de domestiques. Il n'y a que le chien qui en profite pour courir partout.

17. LE CORPS DANSANT

À mon arrivée ici, il y a plus de quarante ans, on était encore en pleine période granola. On se nourrissait de grains dans certains milieux. Le yoga, le massage et la danse contemporaine : on vivait dans ce triangle. Puis, les carnivores d'Afrique et d'Amérique latine sont arrivés avec d'étranges pratiques alimentaires : l'igname, la banane plantain, le riz à tous les repas et la viande de porc (sauf pour les musulmans). En un rien de temps (à peine une décennie), les filles se sont mises à avoir des fesses et à danser en foulant le sol de leurs talons. C'est que la danse africaine exige du poids, contrairement au ballet classique.

18. La citation

Si vous êtes un intellectuel, pourquoi toujours citer les écrivains d'ailleurs quand vous êtes ici? Comme partout, on aime ici ceux qui se donnent la peine de s'intéresser à la culture du pays. C'est la moindre des choses. Vous êtes au Québec, pourquoi toujours se référer à des écrivains russes (Boulgakov), japonais (Tanizaki), français (Diderot), argentins (Borges), américains (Bukowski) – vous voyez qui je pointe du doigt? Si on s'y intéresse vraiment, on apprend bien des choses sur la culture nationale qui permettront de mieux comprendre l'endroit où l'on vit. Pour reconnaître, avec étonnement, des similitudes avec votre propre culture. Le froid est aussi envahissant que le chaud. Dans la poésie du Sud, la chaleur revient constamment dans les vers. Dans le Nord, c'est l'hiver qui apparaît au bout d'une rime. Quand il fait trop froid pour mettre le nez dehors, ne passez pas votre temps dans la nostalgie du pays natal, c'est le moment d'essayer de plonger dans l'imaginaire de ceux que vous croisez dans la rue. Et la meilleure façon de le faire, sous les draps, c'est avec ses poètes. Pas forcément les plus célèbres. Bien sûr, vous ne devez pas ignorer Nelligan («Ah! Comme la neige a neigé!»), ni Miron («Tu es mon amour ma ceinture fléchée d'univers») les deux poutres qui tiennent la maison. Mais c'est encore mieux si après cela vous pouvez citer des vers d'Eudore Évanturel (1852-1919) («C'était un grand garçon, un peu maigre et très blême») ou d'Albert Lozeau (1878-1924) («En attendant le jour où vous viendrez à moi») ou même de Claude Gauvreau (1925-1971) («Garagognialulululululululuulululululululululululululululullullululululu...»)

Tout en gardant en tête que le snobisme est mal vu ici. On n'aime pas que les gens fassent étalage de leur culture, sauf si un Sénégalais se met à comparer Gauvreau à un griot local. Il faut citer les deux poètes dans le texte : le griot en wolof et Gauvreau en gauvreau. Vous pouvez être sûr d'avoir l'attention de tout le monde, car cela fait un moment qu'on cherche à savoir dans quelle langue s'exprime Gauvreau. Si vous arrivez à détecter du wolof ou du swahili chez le poète surréaliste, on vous en saura gré. Et c'est toujours plus amusant que de citer constamment Shakespeare ou Malraux.

19. La notion de chef

Ce pays qui se veut démocratique à mort semble rêver d'un chef. Ce mot revient sans cesse en périodes électorales. Il doit pouvoir prendre des décisions qui vont à l'encontre de l'opinion populaire. Faire face régulièrement à sa propre troupe. Ne pas hésiter à expédier dans le champ un député de son camp qui entend faire à sa tête. Un tel homme (ou femme) est réclamé quotidiennement dans les émissions de radio où le public intervient par téléphone. Un Duplessis de notre époque. Pas un Bourassa mou, bien que ce dernier ait fait de sa mollesse une forme de puissance. Si Duplessis est resté au pouvoir, c'est parce qu'il a convaincu le peuple qu'il était plus fort que lui. Bourassa, lui, a duré précisément parce qu'il donnait la fausse impression d'être plus conciliant que quiconque. Le peuple veut un chef qu'il aime voir s'enfler comme un ballon avant de le botter au loin. Au début, il le flatte en applaudissant la moindre de ses décisions. Puis un jour, pour une bagatelle, il lui enlève sa couronne et flanque n'importe qui à sa place. Ceux qui se font cracher au visage sans sourciller durent plus longtemps que les orgueilleux. On ne pourra passer qu'un quart d'heure sur le dos du cheval fou si on refuse de comprendre que le vrai chef, c'est cet homme en camisole, qui passe son temps à gueuler contre l'impôt, les partis politiques, la médecine gratuite, les jeunes, la paresse des cols bleus et l'absence de policiers dans les quartiers immigrants. Toujours prendre en considération l'opinion du faible. Il peut se retourner contre vous avec une violence inouïe. Le vrai chef n'est que l'ensemble des faibles.

20. Népotisme

On connaît bien, dans les pays du tiers-monde, cette pratique qui consiste, pour un homme politique, à s'entourer de sa famille ou de ceux qui vous supportent. Comme une sorte de bouclier. Au Nord, cela se fait aussi, mais de manière plus discrète. Vous ne saurez pas tout de suite que vous avez affaire avec le cousin du patron. Alors qu'on le crie sur tous les toits dans le Sud. Il y a ici une douzaine de noms de famille qu'on peut retrouver facilement dans l'annuaire : les Tremblay, Gagnon, Gagné, Turcotte, Sirois, Coutu, Bourassa, Trudel, Lévesque, Pelletier, Marois, Lalonde, etc. Ils ne sont pas tous parents – sauf ceux qui viennent du même coin. Une façon de circonscrire la chose, car en fait tous les Tremblay sont parents. Sinon un Tremblay ne pourrait pas employer un autre Tremblay sans se faire accuser de népotisme. Et comme c'est le nom le plus commun, on serait dans de beaux draps.

Mais le népotisme se pratique plus aisément dans les milieux culturels (encore plus dans les médias). S'il est difficile pour le nouveau venu (il est nouveau même après quarante ans) de se tailler une place dans ce milieu-là, ce n'est pas à cause du public, mais bien parce que les places sont réservées à la famille. S'il a fait entrer ta fille dans son secteur, tu lui dois la pareille quand son fils sera en âge de se trouver du travail. Déjà que les cousins ont de la misère, imaginez celui qui ne connaît personne. C'est uniquement l'État qui pourrait prendre des dispositions permettant à ceux qui ne sont pas de la famille d'entrer dans ce cercle fermé à double tour, où les Gagnon ont toujours épousé les Pelletier. Mais l'État est fait de qui?

21. L'ANGOISSE DU BÉBÉ

J'attendais de passer à la caisse. Derrière moi une femme racontait sa vie en détails. Ton bas, voix monocorde, sans jamais baisser l'intensité. Je prêtais distraitement l'oreille. Au moment de franchir la porte, je me suis retourné pour voir qu'elle était en train d'allaiter un bébé bien joufflu. Et c'est à ce bébé qu'elle faisait ces confidences. Je croise souvent sur mon chemin ce genre de situation. La femme parle; le bébé la regarde de ses grands yeux intenses. Dans un premier sens, c'est positif. J. D. Salinger croit que si un bébé a des oreilles, c'est bien pour entendre. Mais avec un discours si organisé, on perd l'aspect ludique du langage. Dans le monologue d'une mère, ce sont les sons qui importent. Mais là elle tente une vraie conversation, ce qui fausse le jeu. L'impression gênante que la mère tente de transmettre coûte que coûte son angoisse au bébé. Par le lait comme par la parole.

22. L'AFRIQUE

J'étais venu chercher mon visa. Salle pleine. J'ai trouvé une chaise au fond, à côté d'une dame qui partait pour l'Afrique. Pas pour le Sénégal. L'Afrique. Elle s'indignait à côté de moi que personne ne fasse quelque chose pour l'Afrique qui est en train de couler. Elle allait aider l'Afrique, mais que pouvait-elle toute seule? J'ai remarqué qu'elle ne disait jamais le Sénégal, l'Algérie, la Tunisie, le Mali, la Côte d'Ivoire, mais l'Afrique. C'est plus vaste, et tout le monde est censé avoir entendu, un jour, parler d'Afrique. Les gens aiment bien qu'on dise leur nom exact. Les gens comme les pays. Un pays c'est assez vaste, voire un continent! Pourtant, dans sa bouche, l'Afrique sonnait comme une banlieue.

De temps en temps, elle me jetait de rapides coups d'œil pour voir si ce qu'elle disait m'avait touché. En effet, oui, mais pas de la manière qu'elle pensait. Elle doit se croire bien généreuse de donner ainsi son temps à l'Afrique. Et son argent aussi, car elle paie, de sa poche, tous ses frais de déplacement. Pourquoi? Elle m'a regardé, étonnée. Pourquoi vous faites tout ça? J'ai entendu l'appel de l'Afrique. En fait un râle de mourant. Et je me suis dit: «Suzanne, il faut faire quelque chose». Cela fait longtemps que vous y allez? J'y passe deux mois par an depuis vingt ans. Vous devez connaître beaucoup de gens là-bas? Elle m'a regardé de nouveau avec le même étonnement. J'ai senti que pour elle, l'Afrique n'est pas un sujet de conversation. On ne peut pas en parler sur un ton mondain. Si ça avait continué, on aurait parlé de température, de paysage, de désert et d'animaux sauvages. Elle ne comprenait pas les gens qui y vont en touristes. L'Afrique est une grande malade qu'il faut aider à se relever.

J'avais envie de lui dire qu'on rit aussi, là-bas.

23. La photo du chien

Quand vous voyez un agent d'immigration au visage dur, sachez que c'est souvent un rôle qu'il joue. En fait, il imite

216

l'agent américain qui, lui, croit que sa fonction est de protéger *le rêve américain*. Ne le contrariez pas, ça évitera qu'il prenne son rôle trop au sérieux. Faites semblant de jouer à son jeu. Il veut que vous ayez peur de lui. Et ne réserve son beau sourire de bienvenue qu'aux hommes d'affaires suisses. Vous, vous êtes camerounais et non suisse. Il faut que vous sachiez au départ que les hommes ne sont pas égaux à la frontière. N'en faites pas une crise. C'est ainsi. Cela ne vous empêchera pas de vous faire une place dans cette société.

Mais ce n'est pas mon propos : je voulais vous mettre en garde contre les apparences. Souvent, celui qui a l'air d'un dur ici ne l'est pas, en fait. Il suffit de ne pas contester son autorité. Ne baissez pas la tête, il croira que vous êtes coupable. Regardez-le droit dans les yeux, mais sans l'ombre d'un défi. Et pas non plus un regard de chien couchant, car il n'y a aucune gloire à exercer son autorité sur une lavette. Au lieu d'essayer d'apprendre par cœur des réponses préparées par des avocats qui ne connaissent pas l'Amérique du Nord, travaillez plutôt votre regard. Cela se joue beaucoup plus là que dans les textes. En Amérique, le contact est primordial. Culture du direct, du sur le vif et de l'expérience. Alors oubliez les recommandations de Yaoundé, et observez plutôt la scène. Soyez à la fois actif et détaché. Observez ce qu'il fait de ses mains. Son espace. On voit parfois une photo de la famille, avec un chien. Tiens, vous avez un chien aussi ? S'il ne répond pas, taisez-vous. Attendez qu'il termine d'analyser votre passeport. Et dites-lui que vous avez dû tuer votre chien avant de quitter Yaoundé. Vous étiez le seul à vous en occuper. « Vous l'avez fait piquer ? fait-il sans lever la tête. » « Non, il n'y a pas de vétérinaire dans mon quartier ». Là, il va vous voir. Et pour la première fois, vous verrez son visage nu. Il est touché. À partir de ce moment, il est en mode émotion. Racontez-lui que c'est un vieux chien qui a plus de quinze ans, mais qui a toujours dormi dans votre lit. Il vous dira que son fils aussi dort avec son chien.

Je sais que vous, les Africains du Nord surtout, vous ne vous faites photographier que dans les moments dramatiques, mais il faudrait songer à prendre quelques clichés avec un chien maigre avant de quitter votre patelin, cela pourra être utile. Bien mieux que les nombreux certificats de bonne vie et mœurs, qui laissent toujours songeur l'agent qui se questionne sur l'autorité morale d'un système dictatorial et sanguinaire qui délivre des certificats de bonne vie et mœurs. N'oubliez pas de glisser la photo d'un chien quelconque dans votre passeport. Dans certains pays on corrompt le fonctionnaire avec quelques billets, ici l'émotion reste une monnaie en cours. Je ne crois pas que l'agent soit intéressé par le franc camerounais. L'émotion est une monnaie qui a cours un peu partout dans le monde, sauf aux États-Unis (Hollywood et Disney ayant absorbé une bonne partie de l'émotion du pays) et dans la Russie de Poutine («Moscou ne croit pas aux larmes»).

24. CHARITÉ CHRÉTIENNE

Pendant qu'on y est, vidons la question de l'émotion en allant à sa source : la charité chrétienne. Cela se retrouve dans l'ADN du Québécois. Il est programmé pour aider son prochain. Donnez-lui la possibilité d'être utile et rien ne pourra l'arrêter. Si vous le laissez faire, il vous donnera tout ce qu'il possède. C'est un charitable actif.

Jamais lui demander quoi que ce soit, ni prendre son sens de l'autrui pour acquis. Il peut se retourner d'un moment à l'autre contre vous s'il a l'impression d'être exploité. Il change d'humeur dès qu'il se sent manipulé. En Amérique du Nord, on ne peut pas se contenter de recevoir, à chaque cadeau il faut s'arranger pour rendre la pareille. Pas besoin que ce soit quelque chose de cher, c'est le geste qui compte. Pourvu qu'il n'ait pas l'impression désagréable de se faire *manger la laine sur le dos*. On reste sensible à cela, tiraillé comme on l'est entre la charité chrétienne et le sentiment d'être exploité. Ce n'est pas de la méfiance, plutôt une forme de protection. Il vous faut rester vigilant dans les rapports avec les gens d'ici afin de ne pas casser le fil.

À l'instant où vous croyez la relation au beau fixe (la veille encore vous avez passé un bon moment ensemble), tout s'écroule. On fait les comptes avec vous. Méticuleusement. Chaque geste est revu. Et vous vous découvrez dans la condition de celui qui s'est contenté de recevoir sans donner à son tour. Vous opposez à cela le fait de n'avoir rien demandé. C'était toujours un cadeau spontanément fait, que vous avez parfois accepté par courtoisie.

Cette comptabilité n'a rien à voir avec la mesquinerie, comme vous pourriez le penser, c'était simplement une tentative de dialogue. Chaque cadeau appelait une réponse. Mais vous l'avez laissé monologuer dans le vide. C'est votre silence qu'on vous reproche. Le problème, c'est que vous croyez fermement que votre personne est un cadeau – vous faites don de soi. En Amérique du Nord, on assimile cela à de la vanité. C'est mieux de garder pas loin de sa main quelques colifichets, gris-gris ou statuettes que vous donnerez de temps en temps afin de garder le dialogue vivant.

Le Québécois peut vous écouter durant des heures avec le même sourire chaleureux – et une si avide curiosité qu'on a l'impression qu'il n'a rien à dire. N'en croyez rien ; c'est un formidable conteur. Vous feriez bien de vous arrêter un moment pour lui permettre de placer une anecdote. S'il refuse, encouragez-le. Il a tendance à croire l'autre meilleur conteur que lui – et là encore, ça dépend du moment car il oscille toujours entre l'humilité et la vanité, allant jusqu'à se croire parfois le plus humble de tous. En général, il a tendance à se dévaluer, ce qui peut vous être fatal. Brusquement, vous lui cédez un petit espace, et vous avez devant vous un type vraiment drôle, fin. Et il raconte différemment de vous. La parole étant votre unique support, lui brode autour du silence. C'est très efficace. Cela donne des fulgurances étonnantes. Et le silence qui suit au lieu d'affadir le trait augmente sa puissance.

Par contre, il y a une forme de silence dont il faut se méfier : c'est celui qui suit une remarque que vous pensez drôle sur la culture, la cuisine ou le comportement québécois. C'est drôle uniquement quand l'autre rit. Sinon, il faut changer de public. Vous ne pouvez vous croire drôle tout seul. Vous l'avez déjà fait ailleurs, et à chaque fois il y eut des rires en cascade, vous aviez conclu que c'était drôle. Eh bien cela ne l'est pas ici.

Ça vaut pour tous les peuples. Il y a toujours ce moment de silence. Vous avez touché un point sensible. On a tous un point où l'humour ne passe pas. Où on ne voit rien de drôle là. Comment trouver drôle la centième blague sur la poutine ? Comme je ne vois rien de drôle à imiter l'accent d'un autre, souvent moins important que soi. D'ailleurs personne ne se reconnaît dans ce genre de numéro. Et surtout, on n'arrive pas à comprendre le but de l'opération. Le Québécois déteste quand le Français se moque de son accent, pourtant il fait volontiers l'accent africain. Et le Sénégalais celui du Québécois. C'est peut-être une tentative d'investir l'autre dans sa musique profonde. Un jeu qui remonte à l'enfance.

26. POLITIQUE

Danger! On peut parler de politique internationale si on veut. Toujours dans un sens humaniste. Contre l'exploitation, pour la justice. Contre les dictateurs, pour les peuples. Restez dans le vague. Quant à la politique nationale : ne jamais dire ce qu'on pense vraiment avant de savoir dans quel groupe on se trouve.

Il y a deux catégories de gens qui n'ont pas le droit à une mise à nu sur ce sujet : les artistes et les immigrés. Les artistes (à de rares exceptions près) votent tous officiellement dans le même sens. Et les rares fois où certains osent montrer leur vrai visage, ils se font immédiatement taper sur les doigts. Les immigrés car ils sont considérés comme un surplus capable de faire basculer le vote électoral. En un mot, ils portent sur leurs épaules le destin du Québec. Vaut mieux, dans ce cas, rester muet. Deux camps généralement opposés peuvent se regrouper en fin de compte pour pointer l'immigré du doigt.

Le problème, c'est que les vraies discussions politiques se font en famille. Dans la cuisine. Durant les fêtes de fin d'année. Les divisions familiales remontent parfois à quatre générations. On est bleu ou rouge. Bleu comme le ciel ou rouge comme l'enfer. En fait, le débat n'a jamais bougé :

on est pour un État religieux ou un État laïque. Malgré le fait que l'Église ne soit plus une puissance au Québec, les valeurs de l'Église sont toujours présentes. On parle aujourd'hui d'humanisme au lieu de christianisme. Le débat sur l'avortement repose encore un peu sur la position de l'Église. À chaque fois ressurgit un problème religieux qu'on croyait avoir refoulé dans le grenier de notre mémoire. Rien n'est réglé, et on le voit à cette manière émotive d'aborder la question du voile. L'impression que tout ça n'est pas loin de la surface. Parfois on a le sentiment de marcher sur des mines. Alors, observez avant de donner votre opinion, car vous ne pourrez plus la reprendre. Ici les gens ne parlent pas pour parler, ni ne jasent pour jaser. Ils prennent au sérieux les mots, d'où l'importance du silence. Si vous vous prononcez, vous serez dans un camp jusqu'à la troisième génération. Et vos enfants ne pourront se dégager de cette entrave. La politique est un engagement moral, familial, sexuel, mental (cela crée des angoisses qui vous rongent de l'intérieur). Par contre, il y a une élite, surtout économique, qui peut changer de camp comme bon lui semble. Ce qui est étonnant dans un pays où l'on vous assure qu'il n'y a pas de classes sociales. On a vu deux frères Johnson, chacun dans un camp – et dans une position de chef. On les a vus se serrer la main comme s'ils s'étaient partagé le pays. Ne jugez pas (de toute façon cela ne vous servira à rien), essayez plutôt de comprendre. Vous verrez, c'est passionnant.

27. La dette

Personne ne veut rien devoir à personne. Observons les rapports d'une mère avec sa fille. Regardons-les se promener dans les magasins. Oh, le joli foulard! La fille sait que la mère adore les foulards. Comme ce n'est pas du Hermès, donc abordable, la fille, discrètement, achète le foulard qu'elle tente de glisser dans le sac de sa mère. La mère s'étonne. La fille insiste. La mère refuse. La fille s'obstine. Et ce petit manège continue un bon moment. La mère semble irritée, même. On se dit qu'un cadeau devrait faire sourire, pourtant. La mère tente, en dernier lieu, d'aller rendre le foulard. La fille s'énerve. Elles se fâchent un moment. La mère n'acceptera que si la fille consent à ce qu'elle lui fasse un cadeau du même prix.

Commentaire : ce n'est pas de la mesquinerie, mais plutôt un refus profond chez le Québécois de parasiter. L'argent a plus qu'une valeur symbolique ici. On a compris depuis longtemps la force de l'argent dans l'indépendance d'un individu comme dans celle d'un pays. Le Québec croit que le colonisé est d'abord *un cassé*, c'est-à-dire quelqu'un qui dépend économiquement de quelqu'un d'autre. Comme c'est un peuple passionné et orgueilleux, ils ont poussé l'affaire jusqu'à sa dernière extrémité. On refuse d'être aidé. C'est là qu'on joue son honneur. C'est pour cela qu'on ne pardonne pas à un politicien qui gaspille l'argent. C'est un acte immoral par lequel il avilit le caractère sacré de l'argent. L'argent honnêtement gagné. Le terme immoral doit être pris dans un sens politique et non religieux. D'où l'importance dans la psyché québécoise de la Caisse populaire Desjardins. Chaque sou est un pas vers la liberté collective et l'indépendance individuelle.

28. UNE SOIRÉE EN VILLE

Dans le cas d'un couple, c'est souvent que l'un des deux, celui qui invite, compte faire un aveu ou une déclaration.

Une invitation à passer une *bonne* soirée en ville, qui démarre généralement avec une *bonne* pièce de théâtre, suivie d'un *bon* souper dans un *bon* restaurant, suppose qu'on ménage la personne avant d'avoir avec elle une *vraie* conversation. Une *vraie* conversation c'est quelque chose que l'autre rumine depuis un moment avant de se décider à en parler à son partenaire. Ce n'est jamais bon signe. Alors la soirée est souvent électrique. Ils n'osent pas se toucher, ne sachant pas trop le niveau du voltage. Après le restaurant, si l'endroit est animé, on peut finir la soirée à écouter du *bon jazz* dans une boîte. Plus cela s'éternise, plus grave sera la confession. Bon, arrivons au fait. Après quelques minauderies, la femme finit par révéler qu'elle voit quelqu'un d'autre. Pour mettre un instant de répit, elle file à la toilette. Revient. S'assoit. Pis? L'autre ne dit rien.

— Tu ne dis rien? Silence. Tu n'as rien à me dire?

L'autre lui prend la main doucement. Elle s'étonne. Il lui sourit tendrement.

— C'est comme ça que tu réagis?

— Juste à penser que tu as dû garder ça en toi pendant plus d'une journée, cela me fend le cœur.

— Mais, chéri, j'attendais que tu aies une soirée de libre pour te le dire.

— Connaissant ton incapacité de ne pas être dans la vérité nue, tu as dû souffrir, Hélène, et ça me fait mal que tu souffres.

— Je ne te comprends pas. Qu'est-ce que tu veux dire?

— Je veux dire que je pense à toi, Hélène.

— François, tu me caches quelque chose.

224

Et ainsi de suite jusqu'à ce qu'il révèle que lui aussi voyait depuis un moment quelqu'un d'autre. Comme ils sont à égalité, ils ont passé la nuit dans un motel à faire l'amour comme des amants.

29. D'où venez-vous ?

Les immigrés mettent en tête, dans les petites choses qui les exaspèrent, la question : «D'où venez-vous?» Surtout quand ils sont ici depuis plus longtemps que la personne qui leur pose la question. La question n'est jamais agressivement posée. Cela part toujours d'une saine curiosité. Alors pourquoi cela exaspère-t-il autant? Parce que l'immigré s'est fait poser cette question tout au long de sa vie. On lui a dit de s'intégrer, il l'a fait. La question le ramène à la case départ. C'est la même question que l'agent d'immigration lui avait posée, il y a quarante ans. Puis il l'a entendue au moins une fois par jour pendant les quarante dernières années. Peut-être, lui répond-on avec candeur, mais moi, c'est la première fois que je vous la demande. L'immigré contient alors sa colère pour expliquer calmement au natif ce qui l'a fait sortir de ses gonds.

Vous me comprenez? Il se retrouve devant un mur. L'autre, les deux pieds bien plantés dans la terre, attend la réponse à sa question. Comme si c'était un droit légitime. Le droit du territoire. Ce qui était une conversation ensoleillée est devenu un affrontement. Le nomade contre le sédentaire. Querelle millénaire. Le natif lui explique que sa question est normale, qu'il n'y voit rien de mal, et qu'il ne faut pas devenir paranoïaque. On est au bord de l'engueulade. L'immigré sent la moutarde lui monter au nez.

225

Mais il n'a pas envie d'une nouvelle querelle sur cette question dont on dit qu'elle est anodine.

Je propose à l'immigré de répondre tout de suite à la question, tout en ajoutant que de mauvais souvenirs l'empêchent d'en dire plus. Généralement, le natif s'excuse d'avoir mis l'autre dans l'embarras. Pour ceux qui vous demandent ce qui s'est passé : on n'a qu'à répondre alors que ce sont des choses trop personnelles pour les évoquer ici.

Quant à vous, natif, ne posez pas cette question dès la première minute de votre rencontre (considérez que c'est comme demander brusquement son âge à une femme de plus de quarante ans). Vous ne vous en sortirez pas avec « Je sais que vous vous faites demander ça tout le temps, mais... » Vous le savez et vous posez la question quand même. Si vous patientez un moment, il vous parlera lui-même de son pays d'origine. Le problème c'est de se le faire demander à brûle-pourpoint, sans préavis. Comme si on vous demandait, à chaque instant (car il y a une douleur d'avoir quitté son pays), si votre mère est déjà morte.

30. Racisme et manipulation

Il se peut que vous soyez témoin d'un acte public de racisme. Ne soyez pas le premier à le dénoncer. Laissez la possibilité à un natif de le faire. Le racisme, c'est l'affaire de tout le monde. Et on se sent tous souillés en sa présence. Le Noir a pris l'habitude de dénoncer le racisme partout où il se manifeste. Comme si c'était sa propriété. Ce serait intéressant de céder parfois son tour. Ainsi on verra mieux ce que l'autre considère comme un acte raciste. Plus complexe qu'on ne le croit. Ce que l'un identifie comme du racisme n'en est pas toujours pour l'autre. Pas de jugement rapide. Attendez le point de vue de l'autre. Ne pas oublier que devant un acte raciste vous avez perdu une bonne partie de votre capacité de jugement. Vous êtes en mode émotionnel. Tandis que l'autre est plus froid. Le natif se demande si le supposé raciste aurait agi différemment avec quelqu'un de même couleur que lui. Car le natif se demande avec angoisse ce qui le différencie de ce type avec qui il partage la même origine, la même teinte de peau, la même culture. Vite, le rassurer : il ne devient pas voleur au Cameroun parce que son collègue québécois a volé. Donc, pas d'identification à faire. Le natif n'a pas beaucoup de temps pour analyser tous les angles du problème. Tout ça se bouscule dans sa tête. De la manière qu'on le regarde, il a l'impression qu'il doit prendre position rapidement pour ne pas se faire traiter de raciste lui aussi. Il choisit de condamner son congénère.

Mais pendant longtemps, il se demandera s'il avait bien agi, et se promet de mieux réfléchir la prochaine fois. Il se demande surtout s'il ne s'est pas fait piéger dans cette histoire. Se disant que si le natif était peut-être un raciste, l'immigré, à côté de lui, semblait à coup sûr un manipulateur.

31. RACISME ET SUBVERSION

Le racisme est un contact de deux pôles opposés sans que la lumière ne jaillisse. Souvent, on est en situation de conflit. Allergie spontanée. Sa tête ne nous revient pas. L'alcool. Une femme. Certains estiment que, dans de pareilles situations, tous les coups qui font mal sont permis. Ç'aurait été pareil si c'était deux Blancs ou deux Noirs. Duel d'ego. On peut aller très loin dans l'injure. Le jeu devient plus codé dans le cas d'un Blanc et d'un Noir. Jusqu'où peut aller le Noir ? Jusqu'où peut aller le Blanc ?

Il y a des gens qui sont attirés, depuis l'enfance, par les interdits. Il suffit de leur dire que ça ne se dit pas pour qu'ils le crient à tue-tête. Même contre leurs intérêts. Des marginaux qui refusent de respecter les règles du jeu. Comment faut-il considérer cela ? Je suis pour tout acte subversif, même s'il est dirigé contre moi. La question : est-ce de la subversion quand la victime est la plus faible ? Je remarque qu'on insulte rarement celui qui a une tête de tueur. C'est rare que les gens qui lancent des insultes racistes le soient vraiment. Le racisme se cache plutôt chez ceux qui savent vous blesser sans se faire prendre. D'abord, le racisme véritable garde toujours un lien avec l'argent. Il s'agit de faire travailler des gens en les payant le moins possible, et cela sous tous les prétextes imaginables, dont celui d'une race inférieure.

Si vous tenez à ce qu'on comprenne votre situation, il faut chercher une certaine similitude chez l'autre. Ici c'est la colonisation – on parle du rapport avec l'Anglais et non du défricheur de l'Abitibi. Changez le mot racisme par celui de colonisation et l'on vous comprendra séance tenante. La relation se fait immédiatement. Langage commun. C'est toujours une question de grammaire, dit Montaigne. Parlons-nous la même langue ?

32. Le cimetière

Quand on arrive dans une nouvelle ville, si on veut savoir si elle est ouverte aux autres, on n'a qu'à aller au cimetière. On verra les noms. Ne pas lire uniquement les noms, mais tout ce qui est écrit sur les tombes. Les informations paraissent sèches, souvent juste des dates ou une phrase passe-partout. Pourtant, tout est là. Le cimetière est un livre ouvert où s'exposent toutes les alliances, les mariages, les stratégies économiques, sociales et politiques d'une société. On peut voir aussi les ruptures, si on regarde attentivement les dates. Telle famille a rompu avec telle famille au milieu du XXe siècle. Tel nom ne revient plus dans la lignée. On peut distinguer les familles qui se marient entre elles. Les mêmes trois noms de famille reviennent durant tout un siècle. On peut sentir les exclusions. Il y a des familles qui se mettent en avant. D'autres se retrouvent derrière la clôture. La mort n'abolit pas la classe sociale. On peut découvrir, au détour du chemin, les familles qui s'ouvrent aux étrangers. Brusquement, un nom italien, juif ou africain surgit.

Le cimetière dévoile tout. C'est le grand roman d'une société. C'est là qu'on enfouit les secrets, croyant naïvement qu'ils sont, comme les humains, biodégradables. Après un certain temps, ces secrets remontent à la surface. Si vous voulez comprendre certaines réactions au moment des débats sur «les accommodements raisonnables», allez au cimetière. Surtout que le Québec n'a pas d'obligation à s'ouvrir. Le Québec n'a pas de dette historique, comme la France par rapport à l'Algérie, ou l'Angleterre par rapport à l'Inde, c'est plutôt à lui qu'on doit quelque chose. Historiquement, il est vierge. Sauf par rapport aux Amérindiens. Mais c'est un tabou.

33. LA LAINE

Évitez si possible, surtout après un détour au cimetière, de dire du mal des gens. Ils sont souvent parents. Pas uniquement quand ils portent le même nom. Le nombre de noms de famille ici est très limité. Pour permettre les unions de personnes du même nom, sans qu'on puisse les soupçonner de se marier dans la même famille, on a ajouté les territoires aux noms de famille. Tel individu porte le même nom que tel autre, mais ils ne sont pas parents, car celui-ci vient de Rimouski tandis que l'autre est de Québec. Donc ils peuvent se marier entre eux. En réalité c'est souvent la même famille : des frères qui se sont éparpillés dans la province. Une façon d'augmenter les possibilités d'union. Il y a aussi les erreurs au moment de transcrire les noms au bureau de l'état civil. Les familles qui ont des noms qui sonnent pareil avec des différences dans l'orthographe sont souvent de la même origine.

Ne discutez pas de généalogie avec les Québécois, c'est leur passion. Ils sont obsédés par l'idée d'origine. Tous les débats politiques tiennent leur source dans la notion d'identité. On se définit presque à chaque fois qu'on prend la parole. Tout ça pour dire de faire attention à parler de celui-ci à celui-là, les gens ont souvent un lien de parenté qu'ils ne vous diront pas. Ne pas oublier que chaque personne porte à peu près deux noms, je veux dire vient de deux familles. Il s'appelle Réjean Trudel, mais sa patronne est Louise Sirois. Ne soyez pas étonné que Louise Sirois soit sa mère aussi, car la femme ne porte plus le nom de son mari. Aujourd'hui, le fils devient Réjean Sirois-Trudel. L'Africain, qui porte son arbre généalogique sur le dos, doit comprendre ce double nom de famille.

34. Les Amérindiens

Je ne vais pas trop traîner sur un tel sujet : trop explosif. On risque de sauter, littéralement. Je vous conseille de ne pas l'évoquer trop souvent dans les soirées mondaines. Cela jette un froid dans le meilleur des cas. C'est un tabou (les Français disent un sujet qui fâche). Ne jugeons pas trop vite car chaque pays en a un ; une injustice qu'il est devenu impossible de réparer. Alors on la nie.

Glissez un mot, et vous verrez les visages se fermer immédiatement. Silence. De gauche à droite. Du cultivateur à l'intellectuel. Beau consensus. Ça touche à une région obscure de l'inconscient québécois, située plus en profondeur que la question de l'Anglais. L'Anglais doit quelque chose au Québécois. Mais dans ce cas, c'est le Québécois qui doit quelque chose à l'Amérindien. C'est gênant. Toujours ce malaise qui s'amplifie, du fait qu'on n'arrive pas à l'évoquer publiquement. C'est plus lourd à porter qu'une dette familiale. Similitude de désirs. Revendications qui se chevauchent. Le Québécois semble reprocher à l'Anglais ce que l'Amérindien lui reproche. Chacun mangeant la queue de l'autre.

On ne sortira pas de ce bocal où trois solitudes se tiennent à la gorge. L'argent ne pourra pas non plus cicatriser les blessures identitaires, ni les humiliations ancestrales. Il y a des problèmes que le temps n'arrive pas à dénouer (la question palestinienne). Peut-on en repousser indéfiniment l'échéance ? D'autant que cette question se complexifie davantage quand on sait que le métissage a été plus répandu qu'on ne veut l'accepter. Un lien de sang unit tous ces protagonistes. Il vaut mieux, Mongo, se tenir un moment à l'écart de cette « poire d'angoisse » (de Gaulle à propos de l'Algérie), le temps de bien comprendre ce qui s'est passé.

35. LE CORPS

C'est le corps qui facilite le plus rapide contact avec l'autre. Capable de sauter les décennies à pieds joints.

Surtout dans une société qui l'élimine de plus en plus. La moindre caresse devient explosive. Les années 70 jusqu'au milieu des années 80 furent électrisantes. Cuisine, danse, massage, cours de langues étrangères : tout pour se rapprocher de l'autre. On n'arrêtait pas de se frotter les uns contre les autres. L'impression d'avoir aboli la question de la famille, de la classe sociale comme du pays d'origine. Le seul vrai territoire était le corps. On découvrait sur cette carte tout ce qu'on pouvait trouver sur la terre : des fleuves, des volcans, des grottes, des sables mouvants, des forêts, des déserts. Le corps humain résumait tout cela en y ajoutant un cerveau. Quelle merveille ! On n'arrêtait pas de s'extasier.

Puis vint le sida. Stop. Perte des sens. Perte de sens. On retourne aux identités visibles. On reprend possession du territoire qu'on a sous les pieds. On fait attention à l'autre. Qui est-il ? D'où vient-il ? Que fait-il ? La police est l'ennemi du corps.

36. Le regard des autres

C'est sûr que celui qui ne travaille pas est mal vu. Il donne l'impression de vouloir vivre aux crochets de la société. La paresse est encore un péché mortel dans la classe moyenne. Le mot de passe de deux employés qui se croisent dans les couloirs du bureau : « Je travaille fort ». Par contre si, sans un boulot quotidien et contraignant, vous arrivez à vous garder actif en faisant quelque chose de créatif, on changera d'avis à votre sujet. Il faut tenir dix ans sans mollir. À vous coucher à trois heures du matin pour vous réveiller vers midi – à contre-courant du « vrai monde ». Sans jamais croiser les besogneux. Deux univers parallèles.

On finira par respecter en vous l'homme libre qui a su terrasser le vieux dragon du travail. Vous avez vécu une large part de votre vie d'adulte sans vous laisser embrigader dans la secte de ces gens fiers de donner leur sang jusqu'à la dernière goutte à une compagnie dont ils ignorent même le nom du propriétaire.

Le plus dur reste d'avoir affronté le regard des autres. Ce regard qui finit toujours par vous remuer de fond en comble en vous donnant le sentiment d'être coupable d'une faute dont vous n'avez aucune idée. Ce regard qui achève de faire de vous un lézard pour vous punir de ne pas être au boulot comme tout le monde un lundi midi, tranquillement assis dans l'escalier ensoleillé, les yeux mi-clos et dégustant un grand verre de jus d'orange mélangé à de la vodka. Résistez. Buvez. Aimez. Et dormez longtemps.

37. Les valeurs

Voilà un mot qui change de sens selon celui qui l'emploie. J'aimais bien quand il faisait référence à l'argent (j'ai des bijoux de grande valeur à vendre). C'était plus clair. Employé dans un sens moral, il devient plus flou. Les gens qui l'emploient détestent qu'on leur demande de s'expliquer. Ce n'est pas négociable. Voilà un étrange retour au négoce. Pourtant, le principe même du commerce, c'est la négociation. On échange les valeurs. Selon les générations, leur taux monte et descend. Sans que cela n'implique aucune monnaie étrangère. Une génération se fiche des valeurs de la précédente. Exemple : dans les années 70, le féminisme avait mis le respect de la femme tout en haut de l'échelle des valeurs. Aujourd'hui, il doit être au mieux en douzième position. Les « droits civiques » avec Martin

Luther King et les frères Kennedy avaient placé les Noirs en haut de la pile des conditions de vie à changer dans les années 60. Aujourd'hui, la police américaine les abat comme des canards sauvages. En fait, les valeurs perdent de la valeur au fil du temps.

Aujourd'hui on l'utilise pour se distinguer de l'autre. L'autre étant l'étranger dont les valeurs sont douteuses. On n'en a pas besoin. On ne peut pas appeler ça des valeurs. En effet, de quoi a-t-on besoin quand on a copyrighté des valeurs auparavant universelles comme l'amitié, la fidélité, la loyauté, le sens de l'égalité, le respect de la différence, la compassion, le respect de la vie, le sens de l'honneur, l'estime de soi, l'amour du pays, la beauté, la justice ? Toutes ces valeurs, on le sait, ne peuvent fleurir que chez nous. Les autres ont des valeurs différentes, des valeurs qui ne méritent sûrement pas le respect. Quelles sont-elles alors ? Je ne saurais vous le dire. La passion que vous n'avez pas citée dans votre liste ? Ces gens-là sont surtout des obsédés qui foncent à toute allure pour ne s'arrêter que face au mur – et parfois non. Quand vous êtes habité par la passion, le temps n'existe plus. La vie, non plus. Et ça cause des torts irréparables. Cette passion est au cœur de la vie. Elle le fait palpiter, justement, le cœur. Mais quand ça se mêle avec la religion, c'est l'explosion fatale. Avez-vous l'impression de manquer de passion ? Je demande à cet homme qui défendait l'équilibre comme une valeur. Silence. Il faut choisir : la passion ou les autres valeurs bien équilibrées ? Évidemment, il n'y a pas de progrès sans le sens de l'équilibre. Cela ne génère-t-il pas parfois un léger ennui ? Oui, mais c'est ça ou la destruction.

Ce n'est pas un mot très clair. Quand on ne veut pas dire à un curieux où l'on vit, on lance vaguement : « J'habite dans la région » ou « dans la zone ». Quand un village ne nous plaît pas, on jette un regard panoramique en lâchant : « c'est une belle région ». Ce n'est pas un endroit précis, c'est juste à côté. Un endroit où se perdre : « dimanche dernier, je me suis baladé dans la région, je peux vous dire que c'est un joli coin ».

Mais les régions ? Où ça se trouve ? C'est d'un vague ! Comment a-t-on pu accepter une telle dénomination ? On pouvait prendre campagne, ou champagne, tel que remis à la mode par Monique Proulx. Cela ne semble pas trop habité. C'est fait pour que les citadins viennent s'épivarder. Là où les jeunes filles cueillent des fleurs sauvages et les femmes des champignons. « J'habite à la campagne » ne sied pas à des villes comme Rimouski, Sherbrooke ou même Shawinigan. Il y a la paysannerie qui a fait fortune au cours du XIXᵉ siècle. Les paysans sont devenus synonymes de gens bornés. C'est dommage car c'est un très joli nom, que Vigneault a remplacé par *gens du pays* (on va croire que je ne connais que Vigneault, c'est en effet le premier poète que j'ai écouté en arrivant ici, lui et les Seguin, j'étais pas mal tombé). *Paysans*, c'est encore plus beau. Ceux qui font le pays. Les artisans secrets du pays. On l'a remplacé par *cultivateur*, alors que ça me semble plutôt une fonction. Ce qui tombe mal, car ce sont les machines qui font aujourd'hui tout le boulot. Il faut trouver un nom pour dire un pays fait par des machines. *Machines du pays*, chantera un jour un jeune homme qui n'est pas encore né.

Ce qui est encore bien avec le mot *paysan* c'est qu'il est universel. Partout on trouve des paysans. C'est un peuple. Ils défendent la même chose: la terre et les bêtes. Généralement, ils ne participent pas aux débats identitaires, car ils ne doutent jamais d'où ils sont. La terre sous leurs pieds le jour, dans leurs rêves la nuit. Ils vivent loin de l'abstraction. La terre les pénètre de partout. Ils ont l'accent et l'odeur. Ce sont des paysans. Les romans qui les mettaient en scène étaient des romans paysans. Toute une école. Des personnages colorés. Des caractères bien trempés. De jeunes femmes solides qui ne se laissaient pas avoir par le premier bonimenteur venu. Des frères méfiants mais travailleurs. Un monde avec une morale. On disait encore morale et non valeurs. Pourtant on les disait proches de leurs sous. Ce n'est qu'une invention de romanciers installés en ville, qui passent leur temps à fantasmer un univers dont ils ignorent tout.

Mais revenons à *région*, ce mot qui a fait fortune sous nos yeux. J'étais à Miami quand il est arrivé, car avant mon départ là-bas en 1990, je n'en entendais pas beaucoup parler. De Québec et des Nordiques, oui. Le duel Montréal-Québec. Mais les régions semblaient bien sous la gouverne de Québec. J'en avais des nouvelles par *La Semaine verte*, cette émission qui nous rappelait le monde de la terre. Alors qu'est-ce qui s'est passé? Est-ce un troisième personnage qui s'infiltre entre Québec et Montréal? Les Régions sont-elles le gros de la troupe de Québec? Est-ce une fronde paysanne menée par Québec? L'impression que l'État n'a pas plus les choses en main. Les Régions, visiblement, se rassemblent pour marcher sur Montréal. Dans *Macbeth* on parle de la forêt qui marche. Devrions-nous avoir peur?

39. Le vaisseau d'or

C'est partout pareil. Paris, Rome, Berlin, New York, Port-au-Prince, Sydney, Dakar, Lisbonne, Buenos Aires, Mexico provoquent toutes la même jalousie excessive et absurde chez les autres villes de leur propre pays, et cela malgré le fait que ces dernières soient beaucoup plus petites en taille et en développement que ces mégalopoles. Le duel est parfois si féroce qu'on se demande si ces villes-là ne se situent pas dans des pays ennemis. Alors que ces petites villes ne sont que des rivières qui se jettent dans le fleuve qu'est la grande ville. Elles expédient là-bas leurs meilleurs produits, comme leurs fils les plus doués qui espèrent occuper des fonctions importantes dans la politique, l'éducation ou le milieu artistique. La grande ville est souvent un terreau progressiste qui offre un havre aux jeunes gens qui ont des inclinations inacceptables pour une petite ville de province. Beaucoup de ces jeunes gens fuient l'atmosphère parfois asphyxiante de leur ville natale pour venir s'installer, au grand soulagement de leurs parents, dans le village gay de Montréal. Ou pour simplement tenter de réaliser un rêve impensable dans leur village natal. Alors pourquoi cette méfiance à l'égard de ces grandes villes ? Souvent on reproche avec raison à ces métropoles de se prendre pour le nombril du monde, oubliant qu'elles ne doivent leur existence qu'à la multitude de villages qui les nourrissent sans cesse. Elles oublient aussi qu'elles ne survivent que grâce à l'effort collectif (taxes comprises).

La grande ville est un minotaure insatiable qui consomme une énorme part de l'énergie nationale. On lui reproche aussi de faire club select avec les autres grandes villes du monde, en méprisant ces vaches à lait qu'elles trouvent souvent mal fagotées, crottées et pas sortables.

On lui reproche ces derniers temps d'accueillir trop d'étrangers, au risque de mettre en péril l'identité nationale. Ce dernier point semble annuler tous les autres points précédents. Si la grande ville se comporte mal, c'est qu'elle n'est plus la même. On ne se reconnaît plus en elle. Elle est devenue pour nous une étrangère. On oublie que c'est un débat qu'on tient depuis la naissance des capitales. Et qu'avant l'arrivée massive des étrangers on l'accusait d'être un centre de corruption. Un endroit où des fainéants passent leur temps dans des bureaux où ils ne font que se peloter. Aucune morale. Un tripot de Satan. Ce n'est donc pas d'hier qu'on fait feu sur la grande ville, tout en espérant que nos enfants finiront par s'y faire une place. Aujourd'hui, on ne l'accuse que d'une chose : trop d'immigrés. Le dernier problème est devenu l'unique problème. Si on parvient à le résoudre, tout redeviendra comme avant.

C'était comment avant ? On a déjà oublié combien on s'ennuyait quand on n'était qu'entre nous. Quand on pouvait prévoir chacun des gestes, chacune des réactions de l'autre. Quand on votait pareil depuis cinq générations. L'immigration est venue mettre un peu d'imprévus dans cette histoire consanguine. On ne se parlait plus, à trop savoir ce que l'autre avait à dire. Du sang neuf. Un débat nouveau (ce n'est plus seulement l'Anglais et le Français). Et voilà qu'on reprend vie. C'est ça, l'apport de l'immigration. Et de la grande ville, qui a généreusement (elle a besoin de bras aussi) accueilli les nouveaux venus. Montréal est à la pointe de la modernité et du progrès. Se battre contre elle reviendrait à vouloir un retour à la Grande Noirceur. D'ailleurs, pour la contester, ses adversaires ne font qu'évoquer le passé. Un passé rose, naturellement.

Personne n'est dupe. On connaît bien ce passé. On n'y retournera plus.

Montréal, c'est le vaisseau amiral qui s'est aventuré en pleine mer en laissant trop loin en arrière le reste de la flotte. Les autres bateaux feraient bien de se dépêcher pour le rejoindre, au lieu d'exiger qu'il fasse marche arrière. On pense au « Vaisseau d'or » d'Émile Nelligan.

40. Voyage intérieur

Je crois qu'il est impératif de visiter le pays où l'on se trouve, ne serait-ce que pour pouvoir se situer dans l'espace. C'est un cours de géographie vivant, qui permet une bonne sortie dans les discussions orageuses. Si les choses deviennent trop enflammées, arrangez-vous pour savoir d'où vient votre interlocuteur. Si vous connaissez sa ville natale ou même les environs, cela peut changer instantanément la couleur de la discussion. Il faut savoir que les gens disent rarement d'où ils viennent exactement. Ils indiquent la grande ville la plus proche. Pas parce qu'ils ont honte de leur village, simplement qu'ils ne s'imaginent pas qu'on pourrait le connaître. Si par bonheur vous le connaissez, vous devenez un proche : « Vous connaissez ça ? Ah ben. J'aurais jamais imaginé une chose pareille. » L'un des problèmes avec le développement rapide de Montréal, c'est que les gens du reste du pays ont l'impression de ne plus faire partie de la trame sociale. Les villes étrangères sont souvent citées avant eux. Certains villages se sentent disparaître de l'inconscient collectif québécois, en tout cas y être moins présents que La Havane, la Floride ou même Guadalajara.

Alors quand un immigré connaît leur village, ils ont l'impression de renaître. Et ont immédiatement envie de connaître votre pays. Ce n'est pas grand-chose, mais il suffit parfois de rien pour faire naître l'intérêt. N'oubliez jamais que vous êtes au Québec, c'est un minimum de courtoisie que de s'intéresser à la vie de ceux qui ont construit ce pays. On s'intéressera à vous si vous vous intéressez à l'autre. Alors prends un copain, Mongo, et passe l'été prochain à visiter le pays.

41. Légende urbaine

Un char, une blonde, un système de son et son équipe de hockey. Le char lui permet d'aller au coin de la rue acheter une caisse de bière pour passer la soirée à regarder le match de hockey avec ses chums. La première fissure dans ce monde clos est arrivée au début des années 80 avec l'apparition des bars fréquentés par des Africains et des Antillais. La blonde est visée. Nouvelle mode de drague, basée sur le récit.

Le jeune Québécois de l'époque ne parlait pas plus que son grand-père. Il pouvait être disert avec ses chums à propos de la chasse à l'orignal, de la pêche, du hockey. En présence de sa blonde, il se taisait. On lui avait appris que c'était ça, un homme. Parle pas si t'as rien à dire.

L'Africain parle, lui. Il raconte des histoires interminables qui se passent dans des régions sauvages du monde. Il évoque un univers de contes avec des pygmées, des tigres, des serpents de brousse, des fourmis géantes, de sanglants coups d'État militaires, des massacres à la machette. Une frayeur verte comme un lézard se glisse le long du dos de la jeune fille. Elle reste tétanisée par le serpent. Lui sent qu'il la tient et en remet. Cela finit dans une petite chambre crasseuse de la rue Saint-Denis. Elle mange du yassa pendant qu'il joue du tambour. Rythme sourd qui la travaille au ventre. L'impression d'être envoûtée dans cette minuscule chambre sans fenêtre. Pénombre. Odeur particulière. Se retrouve dans un autre monde. Il continue son récit jusqu'au cœur de la nuit tout en lui faisant l'amour. Elle oublie de téléphoner à sa mère inquiète. Ce n'est pas le sexe qui l'a séduite, mais le verbe.

42. L'HOMME ROSE

L'homme rose est arrivé vers la fin de la première guerre des sexes. L'une des revendications des femmes était «une conversation soutenue et intéressante», selon les mots d'une militante. Deux siècles de silence, c'était trop pour leurs nerfs. L'homme québécois avait six mois pour se mettre au dialogue (la parole gratuite). Cela a commencé timidement, mais en moins d'un an c'était la diarrhée verbale. Du coup, la femme a exigé les larmes. Ce fut plus difficile. Finalement elles sont venues à gros bouillons. Digues rompues.

Une génération plus tard, les filles des pionnières ont demandé le retour à la virilité. Les Africains ont passé cette décennie larmoyante à siroter calmement leur bière. Ils attendaient les filles dans les mêmes boîtes (Izaza, Koeur Samba, Balattou) où ils avaient rencontré leurs mères. L'époque de l'homme qui parlait de son vécu sans cacher ses émotions était définitivement terminée. Le retour de l'homme qui vient d'un continent sauvage avec des rythmes endiablés, d'où le succès encore aujourd'hui des messes dominicales sur le mont Royal.

43. LA MAJORITÉ

C'est toujours étrange d'entendre quelqu'un dire qu'il faut respecter la culture de la majorité. Il me semble qu'il n'y a rien de plus évident qu'une bonne majorité. On n'a pas à la respecter : elle est là. C'est la réalité. Si le fait qu'on soit majoritaire n'est pas visible, c'est qu'il y a un problème. Tu peux te fâcher jusqu'à la fin des temps, ça n'empêchera pas l'hiver de revenir chaque année. Ni le soleil de se coucher. C'est la même chose pour la majorité. Même la question de l'ancienneté ne compte pas face au nombre. Les chiffres sont têtus. Quand on est 7 millions pour une population de 8 millions, on n'a rien à prouver. On se tait et on regarde faire. Ici, on s'agite constamment pour dire qu'on forme la majorité, ce qui révèle une certaine faiblesse. Donc la question est ailleurs.

Le ver est déjà dans le fruit. Et s'appelle colonisation. Un esprit colonisé perd tout sens critique. Devient un être uniquement émotionnel. Jamais de recul. Toujours dos au mur. À quoi sert d'être majoritaire si on vit l'inquiétude d'un minoritaire ? Avoir la majorité sans la force qui l'accompagne. Il arrive dans ce cas des choses absurdes, dérangeantes, même. On accuse le minoritaire d'être trop puissant. De vouloir défaire la culture locale comme on détricote un chandail. De pratiquer le judo culturel, qui permet à un nain de renverser un géant en se servant de sa force. Quand la faiblesse s'est installée dans la tête, on n'y peut rien. Le danger, c'est que ce géant peut causer beaucoup de tort, du fait qu'il n'a aucune idée de sa puissance. Il ne parvient pas à doser sa force. C'est un adulte qui frappe un enfant avec la même violence que s'il s'agissait d'un adversaire de son âge. Comment lui faire entendre raison quand il croit que sa situation est à plaindre ? Un majoritaire avec un esprit de minoritaire. Finalement, il gagne sur les deux tableaux.

44. Une angoisse chiffrée

En chiffres, cela se traduit ainsi. Le destin de la population se retrouve entre les mains des 10 % d'immigrés. Les 90 % de natifs ne sont plus responsables de leurs décisions. Ce sont les 10 % qu'il faut blâmer quels que soient les résultats. Comme si les 10 % avaient laissé les 90 % voter calmement puis s'étaient mis en branle, à travers tout le Québec, pour aller renverser la vapeur et changer ainsi le destin d'un peuple. Une société où 10 % pèse plus lourd que 90 % me donne à réfléchir quant à la notion de démocratie.

45. Famille

C'est un débat interne. Si jamais tu te retrouves dans un autre pays et qu'on te fait des misères, dis-toi bien que le Québec se lèvera comme un seul homme pour te défendre. De cela je mettrai ma main au feu. C'est ainsi, une famille : on te fait des misères à l'intérieur de la cellule famille tout en te protégeant dans le même souffle contre toute attaque externe. Dans l'intimité, il y a plusieurs cercles. Cela ne veut pas dire que le poison ne circule pas partout. Il suffit d'un décès pour voir la violence des discussions autour de l'héritage. Les biens mettent à nu l'hypocrisie familiale. Les masques tombent.

Si cela se passe ainsi entre frères et sœurs, que passera-t-il quand sera impliqué quelqu'un qui n'est même pas un cousin lointain ? Le survenant dont on ne sait pas d'où il vient. La famille veut toujours se montrer sous un beau jour. Donner une impression d'harmonie. On cache les tares. On tait les secrets. Tout va bien jusqu'à ce que ça explose. Il n'y a pas de Révolution tranquille. Des cadavres qui continuent à circuler. Ils vont s'éteindre quelque part avec leur foi et leurs rêves. Fin d'une époque. La matrice finit toujours par dévorer tout ce qui se trouve à sa portée. Heureusement que sa digestion est lente. Deux ou trois générations. Tiens-toi loin des débats qui impliquent le sang, Mongo.

46. FÉDÉRALISME

La moitié du Québec au moins vote pour le fédéralisme. Alors on se demande pourquoi on est plus sévère avec un immigré qui vote pour le Canada. C'est parce qu'un Québécois peut voter fédéral sans remettre en question ce qui fait le fondement du Québec (la langue, la religion, le sens du territoire et la haine de la monarchie), alors qu'on n'est pas sûr que l'immigré a tout ça dans le sang. Le problème, c'est que je ne suis pas trop sûr que cet héritage a été transmis aux nouvelles générations, même celles nées ici. En tout cas la religion a disparu de l'écran. La haine de la Reine me semble une chose assez lointaine. Le débat sur l'espace vivable a changé de sens, c'est moins une question de propriété que de responsabilité, en un mot on parle plus d'environnement à protéger que de territoire à défendre. Il ne reste plus que la langue, et on parle d'elle plutôt que de chercher à bien la parler. Oh là, bien parler, ce n'est pas parler bien !

47. LA LANGUE (ENCORE)

On ne va pas faire long feu là-dessus. C'est inévitable ici. Vous en entendrez parler jusqu'à plus soif. Est-elle en train de mourir ? Doit-on la défendre encore plus ? Mille questions à propos de la langue, sauf celle de la rendre vivante en tentant de bien la parler. De la sortir de sa charpente anglo-saxonne. Le problème n'est pas le vocabulaire, qu'on peut repérer facilement, surtout dans une société où l'anglais est bien connu. Chaque mot anglais est dénoncé violemment et remplacé par un mot français. Sans voir que la structure de la phrase est anglaise. Le créole est composé de 90 % de mots français, pourtant un francophone ne pourra pas le parler sans une initiation. Sa structure n'est pas française. Le danger n'est pas le vocabulaire, mais bien la grammaire. Le génie d'une langue s'y cache. Pour ça il faut un apprentissage. Sinon on n'arrivera jamais à faire sortir toutes les musiques que le français contient dans son ventre. C'est terrible de ne pas bien connaître sa langue maternelle. C'est un handicap physique comme la perte d'un membre. On a l'impression d'étouffer. Langue pauvre finit par conduire au silence. On se méfie de celui qui parle bien – beau parleur. On fait l'apologie d'une morale fruste. On déteste les synonymes qui cherchent à masquer les choses, et à éblouir son interlocuteur. On finit par vivre bien plus à l'intérieur de soi qu'à l'extérieur. Pour plus tard défendre une terre qu'on ne cultive pas. La langue, c'est le bien le plus précieux d'un peuple, car elle appartient aux riches comme aux pauvres, mais surtout à celui qui en prend soin.

48. ROME N'EST PAS LE BON EXEMPLE

On a insisté beaucoup au moment du débat sur «les accommodements raisonnables» pour dire que c'est la moindre des choses de respecter la culture, les lois et les coutumes du pays qui vous accueille. Pour résumer tout cela, on a répété *ad nauseam* qu'«à Rome, il faut faire comme les Romains ». Bien sûr qu'il faut respecter les lois et coutumes d'un pays, mais si l'immigré fait tout identiquement comme le Romain, je ne le répéterai jamais assez, Rome n'y gagnera rien. Rome a tout intérêt à glisser dans son escarcelle toutes les monnaies étrangères qu'on lui propose, quitte à les convertir, au fur et à mesure, en monnaie locale. Rome ne peut pas faire l'économie d'une telle richesse. Alors comment en est-on arrivé à une conclusion si autocentrée ? C'est qu'on a fait, ici, comme souvent ailleurs, une double réflexion. L'une, positive ; l'autre, négative. On s'est dit que si on a fait la Révolution tranquille, sans l'aide de personne, c'est qu'on n'a besoin de personne pour continuer notre chemin. On a une expertise que beaucoup de pays anciens nous envient, des pays européens, même. Alors pourquoi risquer de retourner en arrière ? On est aujourd'hui, dans les sociétés de notre taille, en tête de peloton. L'autre analyse est négative. On ne se trouve pas assez fort pour vivre un brassage de cultures. De plus, il y a le mot honni de *multiculturalisme*, attribué à Trudeau. On préfère l'intégration – tout doit se fondre dans la culture locale. En tenant compte de cette vieille habitude de nous pâmer devant tout ce qui vient d'ailleurs tout en dénigrant ce qui est local. On serait capable d'accepter des choses qui vont à l'encontre de notre façon d'être. Il faut agir tout de suite avant qu'on soit séduit. Comme on se connaît, on doit se protéger. On serait capable, malgré cette allergie face à la religion, de se laisser embobiner par des rituels exotiques, bien loin de nos coutumes. Notre sensibilité exacerbée pourrait, dans un moment de déprime hivernale, nous jeter dans les bras d'étranges gourous. Il faut dire qu'on a moins peur des pays européens que de ces pays du Sud dont l'excessive misère leur accorde cette légitimité spirituelle. En fait, on a plus peur de nous que d'eux, de notre attirance pour tout ce qui peut nous faire décoller. Nous sommes assurément réalistes durant dix mois de l'année, mais en juillet et en août il est difficile de répondre de soi. Ah cette chaleur, ces musiques, ces rires cascades qu'on entend partout, tout cela risque de nous changer!

49. L'ÉCRIVAIN IMMIGRÉ

J'ai beau dire que cette dénomination n'existe pas, on ne se lasse pas de l'employer. On devient écrivain précisément pour fuir les étiquettes et préciser son identité. Je suis ce que j'écris. Et là, on nous qualifie d'écrivain immigré ou venu d'ailleurs. L'écrivain veut plutôt vous amener ailleurs. Il a un pouvoir absolu sur son territoire. Il ne peut être nommé par quelqu'un d'extérieur; c'est lui qui nomme. Comme la lune semblait l'inspirer, on croyait qu'il venait de la lune. L'écrivain de nulle part. Peut-être. C'est mieux.

Comme je déteste ce mot si laid d'*immigrant* – qui n'est même pas français. On dit immigré. La littérature migrante? C'est quoi? On dirait une horde de sauterelles prêtes à tout dévorer sur leur passage. J'ai l'impression d'avoir une étoile au front chaque fois qu'on dit de moi que je suis un écrivain immigrant. On a beau protester, les maîtres s'en foutent. Tous pareils. Ils vous nomment sans votre consentement, et s'étonnent que vous ne les remerciez pas. C'est incroyable pour une société si chatouilleuse à sa dénomination qu'elle n'hésite pas à nommer l'autre. Comment vous appeler alors?

Écrivain, comme vous dites médecin ou ingénieur même pour ceux qui ne viennent pas d'ici. Groupez les écrivains par sensibilité et non par territoire et vous verrez combien la réflexion critique s'enrichira. Mais c'est plus difficile, car il faudra dans ce cas lire les œuvres. Alors que le profilage est si vite fait. On vous classe selon votre gueule. On met ensemble ceux qui se ressemblent physiquement. La littérature sud-américaine. La littérature noire. La littérature des femmes. La littérature postcoloniale (c'est le bouquet celui-là) – si d'aventure vous vous libérez de la colonisation, vous entrez dans l'ère postcoloniale. Ça n'a pas de fin. Les colonisés deviennent après leur indépendance des ex-colonisés. Faut le faire. Je me rappelle avoir participé, au Mans (en France), avec des écrivains venant d'Haïti, à un colloque où Haïti était le pays invité. La brochure disait «Haïti, une ancienne colonie française». J'ai dit à l'organisatrice: «Vous avez une meilleure mémoire que moi, car après deux cents ans d'indépendance, on avait oublié ce détail.» C'est comme si je rappelais à la France qu'elle était une ancienne possession romaine. Trop de mémoire peut produire de la névrose. La névrose coloniale. C'est tout cela qui remonte à la surface chaque fois que j'entends les expressions *écrivain immigrant* ou *littérature migrante*. J'y suis tellement allergique que j'ai automatiquement une envie de me gratter.

J'aurais dû prendre un pseudonyme et situer *L'odeur du café* à Rimouski. Da serait une vieille dame de Rimouski (une grand-mère est une grand-mère) et Vieux Os, un petit garçon du coin. J'adapterais le décor sans changer les sentiments et les émotions. C'est pour les critiques. Car le public avait bien compris. Il a fait spontanément la transposition. C'est cela, le plaisir de la lecture: se retrouver dans la vie de l'autre sans perdre de sa lucidité. La littérature est là pour dire que nous ressentons les choses de la même manière quels que soient les climats, les paysages, les classes, les races, les sexes et les religions. L'émotion pure est interchangeable. Et unique malgré tout. J'espère, Mongo, qu'au moment de la sortie de ton premier roman, on dira l'écrivain Mongo.

50. LE TUTOIEMENT

On ne blague pas avec le tutoiement ici. Si vous ne l'acceptez pas, c'est que vous essayez de cacher un fond d'aristocrate. Vous êtes hautain. Vous mettez de la distance entre vous et les autres. Autant on met une distance physique entre soi et son interlocuteur, autant on veut se rapprocher de lui mentalement. On cherche à se coller. La distance permet de réfléchir. On ne réfléchit pas, on jase. S'il faut réfléchir, on doit le faire discrètement. Tout se fait à la bonne franquette. Toujours donner l'impression d'un sens du réalisme. Pas d'envolée. Ne proposer rien qui ne soit pas réalisable. Le tutoiement est le symbole absolu de l'absence de classe sociale. Le Québec a décidé qu'il y a deux classes : les riches Anglais de Westmount et les Québécois.

Entre Québécois natifs, la classe sociale n'existe pas. Tout le monde sur le même plan. Il y a pourtant des pauvres. C'est une dénomination qu'on colle à des gens qui frôlent le seuil de pauvreté, sans pour autant en faire une classe sociale. L'État s'occupe d'ailleurs d'eux. Le pauvre peut tutoyer le riche. Sauf le policier, qui est obligé de vouvoyer le civil. Naturellement, il y a quelques exceptions : si vous cherchez du travail, je vous conseille de vouvoyer le patron jusqu'à ce qu'il exige le tutoiement. Si vous ne le jugez pas digne de votre tutoiement, attendez-vous à une certaine froideur de sa part. Souvent, après deux minutes de conversation avec quelqu'un qu'on vient de rencontrer, celui-ci peut, d'une voix à la fois précipitée et chaleureuse, vous demander le tutoiement comme une faveur. C'est une façon de débuter, peut-être, une relation. On se sent sur la même longueur d'onde. Le courant est passé. Et le sens du collectif protégé.

51. La concertation

On n'avance pas en public une proposition sans avoir au préalable l'assentiment de ceux qui pourraient la contester. Tout se fait dans les coulisses. On ne doit jamais prendre les gens au dépourvu, afin de ne pas leur faire perdre la face. Contrairement à certains pays d'Europe où l'on privilégie l'esprit singulier, ici on avance groupé. C'est important, car ceux qui ignorent cet aspect de la situation s'étonnent de perdre quand tous les donnaient gagnants. On apprécie moyennement le talent, qu'on compare souvent à un effet du hasard («J'ai eu de la chance aujourd'hui»). On monte en épingle la capacité de rassembler les gens («C'est une affaire d'équipe»).

Ce sont des expressions-clés qu'on doit garder constamment à l'esprit si on veut durer, ici. On ne gagne jamais seul. Toujours partager la victoire. Alors que dans d'autres cultures c'est parfois différent. On aime applaudir le surdoué qui fait croire qu'il a agi seul. Le demi-dieu couronné de lauriers à qui on cède tout. Il n'y a pas de place ici pour la notion de génie. On veut s'occuper de tout le monde. Plutôt niveler par le bas que d'en laisser un seul dans l'ombre. On préfère que la forêt cache l'arbre.

On comprend ainsi de nombreux comportements qui nous paraissaient des dérives. Tout pour garder le troupeau ensemble. Le moindre mouton noir est ramené par tous les moyens dans le troupeau. Les stratégies individuelles n'ont aucune chance de passer. On se moque même de toute action individuelle. On taxe tout élan contestataire de « cri du cœur » ou « d'éditorial ». Ce n'est pas étonnant qu'on vote, parfois contre toute logique, pour le groupe contre l'individu. Pourquoi ? Parce qu'il est plus difficile de contester une décision prise en groupe. Trois individus qui forment une association ont plus droit de parole, dans les médias, qu'une foule de 10 000 personnes qui ne font pas partie d'une association. C'est une culture de système. Mais ça marche.

52. GÉNÉROSITÉ

C'était l'hiver. Je cherchais une chambre à louer. J'arrivais toujours trop tard. On venait tout juste de la prendre. Il m'a fallu du temps avant de comprendre que c'était un refus poli. Je repassais deux jours plus tard pour voir toujours à la même place la petite pancarte qui annonçait qu'une chambre était à louer. Il faisait froid et j'étais découragé. Je frappais à une dernière porte. Une vieille dame vint m'ouvrir avec un grand sourire. Je l'ai suivie dans un long couloir sombre qui déboucha sur une petite pièce mal éclairée. Elle m'offrit du café. Sans discussion, elle me passa la clé du 17. Sa sœur, qui souffrait de Parkinson, vint nous rejoindre. Elle me parla de l'idole de sa jeunesse, Abraham Lincoln. Son père avait une photo de Lincoln dans son bureau. Elles avaient à peu près le même âge, autour de quatre-vingts ans. Prendrai-je une goutte de rhum ? Elle alla chercher la bouteille de rhum agricole dans une vieille panetière couverte de poussière.

Elles m'ont servi de mères durant tout le temps que j'ai vécu près d'elles. Je ne sais pas par quelle filière elles sont passées pour connaître ma date d'anniversaire. Je rentrais pour trouver un gâteau sur la table avec écrit dessus bonne fête. Moi-même, j'avais oublié cet anniversaire. Elles se sont beaucoup intéressées à Haïti, s'informant du prix du riz au marché de Port-au-Prince. Elles avaient un neveu qui leur causait beaucoup de soucis. Il dépensait l'argent de ces magnifiques femmes pour ses gros besoins en cocaïne. L'aînée me disait toujours, avec un sourire triste : « Mon neveu est un fainéant, et toi, je t'entends écrire toute la nuit. » Après la mort de la cadette, l'aînée a vendu l'immeuble pour aller vivre dans un petit meublé de la même rue. J'ai quitté parce que le nouveau propriétaire a doublé le prix du loyer tout en refusant, du même souffle, de faire les réparations nécessaires. Ce n'était pas une simple question matérielle. L'endroit n'avait plus d'âme. C'était devenu un immeuble quelconque. Chaque fois qu'un événement m'attriste, je pense à ces deux sœurs qui ont su garder jusqu'au bout leurs rêves de jeunesse, et qui se rappellent encore d'un homme nommé Abraham Lincoln, au nom de qui elles m'ont ouvert leur porte.

53. Le mythe de l'homme ordinaire

Les gens les plus haut placés d'ici ne rêvent que d'être perçus comme quelqu'un d'ordinaire. C'est le plus haut grade dans la culture populaire (*Un gars ben ordinaire* de Charlebois). Cet idéal trouve sa source dans l'idée que personne n'est au-dessus d'un autre. Tous égaux. Et cela a donné un monstre à deux bras, deux pieds, deux yeux et une tête qu'on appelle l'homme ordinaire. Cet homme ordinaire a posé son empreinte dans toutes les sphères de la société. Comment se fait-il qu'en près de quarante ans, je ne l'ai jamais rencontré?

Tout le monde est le p'tit gars de son patelin. Celui-ci se présente comme le p'tit gars de Baie-Comeau, celui-là le p'tit gars de Shawinigan. Alors qu'ils sont premiers ministres, qu'ils roulent en limousine, voyagent parfois en jet privé, font passer des lois qui changent la vie des gens comme s'ils étaient des dieux. Mais dès qu'une élection pointe le nez, ces puissants hommes de pouvoir redeviennent des hommes ordinaires. C'est un camouflage pour aller à la chasse à l'électeur ordinaire. Afin de ne pas être repérés, ils se déguisent en hommes ordinaires. Mais cet électeur ordinaire, l'être le plus répandu dans le paysage électoral, semble ambivalent. S'il raconte qu'il est « né pour un petit pain », il vise à devenir, un jour, le roi du hot-dog. Pas moins qu'un roi.

Dans cette société antimonarchiste, on veut tous devenir roi de quelque chose. Même ce roi du hot-dog a connu une vie parsemée d'embûches. Il vous la raconte comme un grand roman d'aventures et finit par proposer d'en faire un film. Pas moins. On me le dit souvent : « Monsieur, si vous acceptez de raconter mon histoire, vous deviendrez riche. Je suis prêt à partager les bénéfices avec vous. » Toujours difficile de les ramener sur terre. Pourquoi les gens choisiraient d'écouter vos souffrances alors que leur vie est une vallée de larmes? Ma vie est unique, entend-on sans cesse. C'est vrai, mais celle des autres aussi.

Pourtant l'homme ordinaire existe, j'ai mis un certain temps à le repérer. L'homme ordinaire n'a ni réussi ni échoué. Il a tenu sa vie au milieu de la route. Une vie tendue comme une corde de violon. Toujours au milieu, sans excès, afin de passer pour invisible. Pas trop de vanité, ni d'humilité. Un tel effort exige des nerfs d'acier, une volonté de fer et de belles dents blanches. À la différence du politicien qui, dès qu'il commet un impair (souvent une affaire sexuelle), fait la ronde des émissions populaires de télé avec sa femme dans une petite robe noire et la photo de son chien. En fait, l'homme ordinaire ne peut exister, puisque toute vie est exceptionnelle. Se garder en vie est déjà un exploit.

54. La douleur identitaire

Quel mal y a-t-il à dire d'un Noir qu'il est noir ? me lança un jour quelqu'un avec un sourire en coin. Peau de banane qui sous-entend qu'il ne faut pas avoir honte de son identité. Sauf qu'être Noir n'est pas une identité. On est noir dans le regard de l'autre. Le pire, c'est qu'on finit par construire sa personnalité autour de cette fiction. Un château de cartes qui risque de s'écrouler d'un moment à l'autre. Il suffit d'aller dans un pays où la majorité des gens ont la même couleur que vous pour que vous soyez obligé de tout reprendre, même le discours victimaire que vous avez si soigneusement échafaudé. On ne cesse de vous faire savoir partout que vous êtes noir, et malgré cela il vous arrive, certains matins, de l'oublier. Surtout si une rage de dents prend le dessus, comme à son habitude, sur les autres tracasseries de la vie quotidienne. Une telle douleur fait passer au second plan ce qui est abstrait, et la question de la couleur le devient immédiatement. Même le regard de l'autre, ce miroir auquel il est si difficile d'échapper, se brouille à cause d'un simple mal de dents. Le problème avec la question de la couleur, comme avec l'accent, c'est que votre couleur apparaît dès que vous voyez celle de l'autre.

Alors pourquoi le Noir est plus souvent noir que le Blanc blanc ? À cause du pouvoir que détient celui qui peut nommer l'autre. Celui qui possède les médias devient le maître du jeu. Il n'a plus d'accent ni de couleur. Il peut décréter que ceux qui ne parlent pas comme lui ont un accent, et ceux qui ne lui ressemblent pas ont une couleur. Cela n'a rien à voir avec la biologie. Simple question de pouvoir. On a vu des anciens colonisés, en accédant au pouvoir, jeter au visage d'un plus faible les pires clichés dont ils venaient péniblement de se défaire. C'est mieux de vaquer à ses occupations en laissant ces problèmes à ceux qui les ont soulevés. On n'est jamais obligé de porter le fardeau de l'autre, surtout si c'est un poids psychologique. On se rend compte alors que le colonisateur est aussi enchaîné, peut-être plus, même, dans le drame de la colonisation que le colonisé. Une victime peut toujours s'en sortir ; un bourreau, jamais. La mauvaise conscience peut refaire surface dix générations plus tard. Ces subits appels humanitaires qui poussent de jeunes bourgeois à tout laisser tomber pour partir construire des latrines dans l'Afrique profonde viennent de cette bête insatiable, la mauvaise conscience, qui se nourrit de leur sens aigu de la culpabilité.

55. Conduite automobile

C'est vrai que la manière dont les gens conduisent leur voiture donne une certaine indication de ce qui se passe à l'intérieur d'eux. N'importe qui peut blesser ou tuer avec une voiture. Surtout intimider. On a vu des gens timides devenir des monstres assoiffés de sang derrière un volant. Mais ce n'est pas le comportement individuel qui m'intéresse.

Comment se comporte le troupeau de voitures? Cela peut nous renseigner sur ce qui relie l'angoisse individuelle au drame collectif. L'individu, dans une voiture, voit sa liberté dépendre du mouvement collectif. Il est en contrôle quand la voie est libre, mais sur un pont aux heures de pointe, il se sent comme pris en otage, et son comportement change. L'agression d'une part, la lassitude de l'autre. Dans les deux cas, il sent monter cette violence tapie au fond de lui. S'il pèse sur le champignon à chaque fois qu'il peut, c'est pour toutes les fois où il s'est retrouvé coincé dans un embouteillage. Sinon il ne sort pas de l'espace dans lequel il est confiné (il suffit qu'il porte un chapeau mou pour devenir un vieil oncle ringard).

En voiture, on donne encore l'impression de respecter certaines frontières. On n'a qu'à s'assoupir dans le métro pour traverser la ville d'est en ouest, franchissant aisément de dangereuses frontières linguistiques. En voiture, on hésitera à se promener le soir dans certains quartiers huppés, où les vigiles se croient parfois à Téhéran.

J'ai noté qu'au-delà de ces tracasseries, le comportement le plus curieux reste le rapport du chauffeur avec le feu jaune. Que nous dit cet étrange feu jaune? C'est un intermédiaire qui signale qu'on est en train de passer du vert au rouge, et qu'on devrait ralentir afin que la voiture puisse s'immobiliser calmement au rouge. Au lieu de ça, le jaune agit en mouchoir rouge pour changer le chauffeur en taureau. Du plus loin qu'il voit ce feu jaune, il accélère au lieu de ralentir. Et quand le feu passe au rouge, il continue à croire que c'est du jaune. En réalité, ça fait plus de quatre secondes que c'est un rouge vif. On croit qu'il y a encore une couleur intermédiaire entre le jaune et le rouge : le rose. L'étonnement, c'est de constater que trois autres voitures se sont engouffrées dans la brèche. Cette conduite n'est pas souvent sanctionnée par la police qui, de ce fait, légitime le rose. Tout cela crée une tension qui débouche sur cette violence constante, fluide, toujours présente sur les routes et qui dit mieux que tout l'état réel de nos nerfs. Chez les hommes comme chez les femmes, chez les gros comme chez les maigres, chez les jeunes comme chez les vieilles dames bien vêtues, au corps fragile, mais encore capables d'écraser le champignon. Si, en France, on pratique une violence verbale qui tient presque du folklore (la tirade du chauffeur en colère fait partie des charmes de Paris), ici elle est franchement inscrite dans une action agressive.

56. LA FILE

Je me trouvais à la gare d'autobus. On part à chaque heure. J'avais raté le départ de 11 heures, j'attendais celui de midi. Je vais chercher un sandwich et quelques magazines. Je reviens à ma place pour trouver les trois mêmes vieilles en train de causer. Vers 11 h 15, elles ont commencé à bouger. Je croyais qu'elles voulaient faire de l'exercice. Mais non, à 11 h 20 tapant, elles se sont mises en ligne. On était les seuls, tranquillement assis. Personne d'autre. Ce n'est qu'à 11 h 45 que les gens ont commencé à arriver. Elles sont restées vingt-cinq minutes debout, comme ça, par choix. Pas pour faire de l'exercice, ce serait bien, mais mues par quelque chose de plus fort qu'elles. L'ordre. En tout, une dizaine de personnes sont arrivées. Et elles ont été forcées de se mettre en ligne. Alors qu'il y avait quatre bancs libres. Je suis resté assis avec ce premier malaise de l'être pendant que de vieilles dames sont debout. Quand les gens se sont mis en ligne, je n'ai pas bougé non plus. Ils avaient l'air de se demander ce que j'allais faire : me placer derrière les dames ou à la fin de la file ? Si je me plaçais derrière les dames, ce serait légitime, mais je n'avais pas fait la queue. Dans un certain sens, j'avais profité du système.

La société donne plutôt préséance à celui qui se sacrifie qu'à celui qui cherche son confort, même quand il ne viole aucun code social. Je n'ai pas été intelligent mais malin. Le diable aussi est malin. Si j'allais à la fin de la queue, les gens ressentiraient une certaine gêne, car ils savent bien que j'étais là avant eux. En choisissant mon confort, j'ai mis à mal le système. L'ironie, c'est qu'en allant au bout de la file, j'aurais quand même une bonne place, car nous sommes seulement 13 passagers, pour un autocar qui peut en prendre 32. J'ai donc bien fait de rester assis. Mais le groupe ne semble pas m'avoir pardonné cette effronterie. Dès que je me suis levé, ils ont serré les rangs, me signifiant qu'ils ne m'acceptaient pas dans leur petit monde.

Tu sais, Mongo, les gens ne te diront rien si tu passes devant eux pour monter dans un autobus, ils penseront que tu le fais parce que tu ne connais pas encore les règles, ce qui leur accorde une légitimité pour ne pas te permettre d'être fonctionnel. C'est donc important de leur montrer que tu es au fait des choses, sinon tu gagneras une place dans l'autobus en perdant ta place dans la société.

57. LE SILENCE APPROBATEUR

Il y a quelque chose qui n'est pas facile à comprendre, ici. C'est l'utilisation du silence. Il n'est pas toujours réprobateur. Quand on a la possibilité d'intervenir pour défendre quelqu'un et qu'on ne le fait pas, c'est un silence qui condamne. Mais quand on vous pousse à condamner et que vous vous taisez, c'est un silence qui approuve.

Venant d'un pays où l'on abuse de la parole, cela m'a pris du temps pour reconnaître l'utilisation positive du silence. Je pensais que le fait de se taire ne pouvait être que négatif. C'était sans compter avec les rapports de force en présence. Ce n'est pas abuser ici de la métaphore que de parler de «majorité silencieuse». Elle fait silence parce qu'elle a peur de parler. Mais il arrive que le silence soit une arme aussi discrète que redoutable, et que la foule refuse de suivre la meute assoiffée de sang dans une de ces chasses à l'homme impitoyables. Malgré les fortes pressions exercées sur elle, la foule reste de glace. Elle fait savoir qu'elle n'est pas aussi manipulable qu'on le croit. Souvent c'est parce qu'elle estime la sanction plus forte que la faute. Foule juste qui veille à l'équilibre de la société. La meute se calme. Pas d'explication. Vous ne saurez jamais rien de l'affaire. La vie reprend tranquillement son cours. On glisse tout sous le tapis jusqu'à la prochaine explosion. Une explosion sans bruit est une implosion. Les mots ont un sens. Gardons nos sens en alerte.

58. LE VOILE

Deux femmes se croisent dans une rue de Montréal. Une native et une musulmane voilée. La native rentre chez elle bouleversée. Voile intolérable. Le retour en force du refoulé. Elle aurait aimé pouvoir lui arracher le voile. On croyait la bête morte, mais voilà qu'elle se retrouve en face d'elle. Elle tremble de colère. Elle voudrait faire disparaître la femme voilée. Vision intolérable. Inacceptable.

Agression. Elle se sent humiliée dans sa chair. Il n'y a pas de mots pour décrire son état.

Ce qui est étrange, c'est que tout l'odieux soit porté sur l'autre femme. Elle n'a pas pensé une seconde que celle-ci puisse être une victime. Elle n'a pas pensé une seconde à l'homme musulman. Elle n'entend pas aider cette femme voilée. Elle veut qu'elle disparaisse, elle et son maudit voile. Elle est en furie du fait que cette femme ait accepté une situation aussi dégradante.

J'ai conversé avec beaucoup de Québécoises catholiques non pratiquantes qui ont eu ce comportement. Et à chaque fois je suis étonné de la violence qui se dégage d'elles. Je suis aussi abasourdi de constater que l'homme musulman soit, d'une certaine manière, absent du débat sur le voile. C'est une affaire entre femmes. Et pourquoi?

Finalement, ce n'est pas la condition de la femme musulmane qui les inquiète, mais plutôt le fait d'être obligées de constater cette désagréable situation. C'est une condition plus que millénaire pour la musulmane, alors que ça fait à peine vingt-cinq ans qu'elle exaspère l'ex-catholique. Le problème n'est pas la situation réelle de la musulmane, mais simplement le fait qu'elle soit là sous nos yeux. Juste à respirer l'air de Montréal, elle aurait dû se sentir assez libre pour jeter son voile et le piétiner violemment. Comment se sent-on de ne pas se sentir libre en présence de quelqu'un qui jouit de toute sa liberté? Au lieu de se solidariser avec la musulmane, elle préfère l'accabler. Se sentant impuissant face au bourreau (lui, il regarde ailleurs), on gifle la victime.

Que doit-on comprendre à cela? Cette nervosité cache une fragilité. L'ex-catholique garde encore dans sa chair toute la violence d'une époque pas si lointaine où la vie de sa mère se résumait à mettre bas des enfants. Elle se représente ce monde comme une grotte noire et humide où se tient un minotaure du nom de Duplessis. Ce voile, c'est la Grande Noirceur de retour. Elle n'arrive pas à se calmer. Ce sont des flashs terrifiants du passé qui la traversent comme des décharges électriques. Elle est sous le choc et ne pense plus à rien d'autre qu'à ce morceau de tissu, lourd d'une charge symbolique terrifiante, et qui absorbe toute l'énergie de cette femme dont on empêche que le soleil éclaire le visage. Le fossé s'élargit encore quand, pris dans un tourbillon d'émotions incontrôlables, on finit par traiter la victime comme si elle était le bourreau.

59. LE SUICIDE

Le suicide a eu son heure de gloire dans les années 70. Je me souviens qu'il était encore pratiqué à mon arrivée, au milieu des années 70. Les hommes portaient encore la barbe et la queue de cheval. L'arme à feu, contrairement à ce qui se fait dans ces impétueuses contrées chaudes, n'était pas très prisée ici. On privilégiait plutôt la pendaison (est-ce une réminiscence de la forêt?) ou la noyade. Le rasoir est le favori des femmes : on remplit la baignoire d'eau très chaude. *Les Quatre saisons* de Vivaldi commencent et on s'ouvre les veines, après avoir laissé un message poétique à sa mère. L'amour en était une des causes principales (ça c'est universel). Les hommes se suicidaient plus volontiers que les femmes durant les années 80, mais il faudra attendre les années 90 pour entendre parler pour la première fois de suicide chez les chats.

Brève histoire : Une femme quitte un homme. Elle rencontre un autre homme et l'invite chez elle. Un mois plus tard, l'ancien amoureux, qui avait gardé une clé, s'arrange pour venir se pendre dans sa cuisine. Cela crée un malaise dans le nouveau couple. Ce n'est pas toujours agréable, si on n'est pas pervers, de faire l'amour avec une femme qui pousse ses amants au suicide. Le pendu s'interpose entre eux. Le nouvel amant se voit, dans un rêve, au bout d'une corde. Un mois plus tard, le couple se défait. Restée seule, la jeune femme s'ouvre les veines.

Naturellement, quand on vient de ces pays du Sud où c'est l'État qui s'occupe de la mort, on ne pense pas spontanément au suicide. Et quand l'espérance de vie est de cinquante-deux ans, on ralentit au lieu de se presser. La mort peut attendre. Alors j'étais impressionné. Des gens qui n'attendent pas leur tour. Et cela sans forcément croire à une vie après la mort. J'en étais encore à la vie avant la mort. Jusqu'à ce qu'un grand barbu balaie mes illusions: «C'est très facile de se suicider. Je l'ai tenté cinq fois. À chaque fois, on m'a sauvé *in extremis*. Ce que je ne pourrai jamais faire, c'est de quitter mon pays du jour au lendemain sans espoir de retour.» J'étais scié. Car chez moi, on se considère comme le plus chanceux des hommes quand on parvenait à s'échapper de l'île du Moloch.

60. LE VENTRE DE LA FEMME

C'est un territoire aujourd'hui sacré, car il a été tant piétiné durant la Grande Noirceur. L'État et l'Église l'avaient nationalisé. Le ventre de la femme était réquisitionné pour repeupler le Québec. C'était sa fonction. Pour ça, il fallait imposer une forte morale dans la famille. Ce n'est pas facile pour un ventre de produire 23 enfants dans une vie. Il faut tout un système qui rappelle la discipline nazie. Le corps de la femme n'est pas une source de plaisir. Se le mettre dans la tête ou dans le pénis – pas si facile pour certains, qui voudraient qu'il soit une source de douleur pour elle et une source de plaisir pour lui. Le ventre de la femme ne lui appartient pas. Quel corps de police pourrait s'occuper de sa garde? L'Église. L'Église, parce qu'elle dispose d'une arme à double tranchant: la culpabilité et la mauvaise conscience. Et d'une panoplie de punitions abstraites: le purgatoire, l'enfer et surtout l'excommunication. L'armée des prêtres est donc envoyée au front. Mission: ne jamais laisser le ventre d'une femme au repos plus d'un an. Les paysans savent que la terre a besoin d'une période de jachère. Pas le ventre de la femme. En compensation, l'État permet à l'Église un prélèvement de trois individus des deux sexes par famille, pour en faire des missionnaires. Avec droit de les expédier à l'autre bout du monde. À chaque visite, le prêtre lui fait la même demande: «Dieu doit-il se réjouir, madame Tremblay?»

Le mari, écarté complètement de l'affaire, se replie dans un silence vide de sens où il a l'impression d'être un étalon ou ce père nourricier de saint Joseph. Entre-temps, le père a perdu l'usage de la parole. La prochaine étape, c'est la taverne et l'alcool. L'Église allait s'opposer à l'alcool, mais l'État, ayant eu pitié du mari, s'est interposé pour qu'on le laisse cuver sa frustration en paix. Sachant la femme honnête et le mari dévirilisé, on se demande si la reproduction ne se faisait pas automatiquement. Jusqu'à la Révolution tranquille. Et la colère des femmes.

Le pire c'est qu'on ne leur a pas accordé la *maternité* de cette révolution. Alors que sans elles, ce serait un moment important, mais pas ce tournant décisif. On peut revenir en arrière sur tout, mais pas sur la contraception et l'avortement. Même pour sauver l'identité québécoise, les femmes ne repeupleront plus le pays. Lucien Bouchard, au sommet de sa gloire, a laissé un jour entendre que la femme québécoise devrait augmenter la cadence des naissances si on ne veut pas disparaître comme peuple ; ça a soulevé un tel tollé qu'il a dû s'excuser publiquement. Alors, Mongo, fais attention quand tu files des métaphores sur la mère, ici.

61. Chien ou chat

Ils se partagent des territoires précis : le chien est maître du trottoir où il chie à qui mieux mieux, le chat, du salon, où il fait sa toilette. Les rapports des animaux avec les gens sont différents. Le chien joue sur le mode affectif ; le chat est un pur esprit. Bien sûr qu'il y a des chats de ruelle et des chiens qui refusent de quitter le divan du salon. Et le chat adore se faire caresser. Mais ce sont quand même des tempéraments différents. Les deux bénéficient d'une protection qui n'existe pas dans les pays du tiers-monde. C'est une mauvaise idée de maltraiter son propre chien, voire celui du voisin.

La culture la plus carnivore qui soit, cette culture occidentale qui bouffe une quantité faramineuse de viande par habitant, est aussi celle qui s'émeut à la moindre injustice faite à un animal domestique. Je me souviens de la fois où j'ai confessé à une jeune femme qui m'avait invité à souper que chez moi, en Haïti, on mange aussi du chat. Ses yeux. Jamais vu une panique pareille. Le souper vite englouti, on n'est pas passé aux étapes suivantes. L'idée de faire l'amour avec quelqu'un qui aurait déjà mangé du chat la répugnant trop.

L'une des fonctions du chien, c'est de permettre à la femme de sortir de la maison en toute saison : « Je vais promener le chien». Parfois un prétexte pour rendre visite à son amant – ce jeu se fait dans les deux sens. Le chat est un animal sensuel. On sait qu'une adolescente est amoureuse quand elle n'arrête de caresser le chat tout en parlant au téléphone. Le chien accueille son maître avec chaleur. Le chat demande des comptes : «Où étais-tu de toute la journée? Je te parle de ça, mais au fond je m'en fous.» Le chat aime bien souffler sur le chaud et le froid. Le chien est une ligne droite, et le chat, un labyrinthe.

Quand on s'y attend le moins, le chien peut se changer en sphinx, et le chat devenir aussi bête qu'un tapis. Un peu comme nous. Ne vous précipitez pas à avoir un chien si vous n'êtes pas capable de le sortir par moins vingt degrés. Cela ne s'improvise pas. On ne passe pas aisément d'une culture qui juge les animaux inférieurs aux humains à une culture qui les place au-dessus d'eux. Seriez-vous capable de quitter au milieu d'un rendez-vous galant pour aller promener votre chien? Impossible si cet apprentissage n'a pas commencé dès l'âge de douze ans.

Le chat n'aime pas faire d'exercice (à part s'étirer et chasser des mouches imaginaires), et il coûte cher en bouffe. De toute façon, les immigrés ne devraient posséder d'animaux qu'à la troisième génération. Cela demande une connaissance du milieu au-dessus des capacités du nouveau venu qui cherche à se trouver une place. Par contre, à observer un chat on peut apprendre à imposer son autorité à des gens qui, à première vue, sont plus puissants que vous. M'as-tu dit, Mongo, que tu étais un tigre?

62. Le 5 à 7

Cela se passe l'après-midi, entre 5 h et 7 h. On peut tout faire avant, et ça ne dérange pas un rendez-vous du soir.

Le moment parfait. On se demande qui a découvert le premier cette bande de temps vierge. On aimerait féliciter ce Christophe Colomb de l'agenda. Un temps qui n'existe pas dans le tiers-monde. Cela m'a pris quatre ans à l'apprivoiser. J'arrivais toujours à 7 h 30, pour ne trouver personne – dans le meilleur des cas, un petit groupe de militants discutant de politique locale sans faire attention à ce qui se passe autour d'eux. Une grande salle vide. Il faut arriver légèrement en retard car les traiteurs détestent avoir les invités dans les jambes quand ils en sont aux derniers préparatifs. 17 h 15, c'est déjà plein. Mieux vaut se faire accompagner par une amie si on ne veut pas passer pour un dragueur démodé ou un pique-assiette.

On se fait vite une réputation au 5 à 7. On a l'impression que personne ne vous remarque au milieu de cette cohue. On se trompe grandement, car chacun observe le moindre mouvement de l'autre. Comment il est habillé, à quel rythme il avale les petits fours... Il est recommandé de refuser les petits fours durant la première demi-heure de votre arrivée et de faire semblant d'être venu pour la conversation. On se fait prier avant d'accepter une bouchée – et si possible attendre que le serveur vous la décrive. Buvez modérément. Faites-vous un nom respectable. Étant avertis du nombre d'invités, les traiteurs ont bien pensé le nombre de petits fours et de bouteilles de vin. Le goinfre ne sera jamais un invité d'honneur. Si vous allez aux toilettes, vers 7 h, vous risquez de ne trouver personne dans la salle à votre retour. Nous sommes au théâtre.

63. L'ALTERNANCE

Ici on pratique l'alternance en tout. Si on vous complimente, attendez-vous à recevoir aussi une gifle. Aucune méchanceté. Juste cet équilibre qu'on tente d'atteindre en toute chose. On vous protège ainsi contre cette vanité qui reste aux yeux du natif le péché mortel. Tout est excusable, sauf la vanité, qui se définit par le fait de se prendre pour un autre. On ne devrait se prendre que pour soi. Qui est-on ? Toujours plus petit qu'un autre. Jamais la grosse tête. Ainsi, on évitera de se faire trancher la tête. Si vous dépassez les autres d'une tête, elle devient immédiatement une cible sur laquelle tout le monde lance des fléchettes. Baisse-toi, Mongo.

64. Le chef

Si personne ne voit plus loin que les autres, comment saura-t-on qu'on se dirige vers un précipice ? On vous le dira. Faites confiance à la parole du chef. C'est une observation hâtive qu'il faudra réviser plus tard. Car en réalité, ce troupeau est constitué de moutons noirs. Si vous observez attentivement, personne ne veut obéir à personne. C'est un troupeau qui dévore régulièrement son berger. On commence par contester ses directives. Pour remettre en question son autorité. On se souvient du temps où on était coureurs des bois. Pas de dieu ni de lieu. Cela coule dans les veines de ces rebelles. Après un moment, les voilà qui reviennent se coucher à la maison. Une sieste qui peut durer parfois une décennie entière. L'Histoire est un long sommeil entrecoupé de brusques réveils.

65. Le premier séducteur

Au lieu de rester à Montréal, pourquoi ne pas aller découvrir de nouvelles contrées. Devenir un pionnier. Le premier

Noir du village. Avantage : vous devenez le point de mire des femmes. Inconvénient : vous ne pouvez pas, comme tout le monde, faire un enfant en cachette avec une femme mariée. Bon, on n'est pas obligé d'avoir un enfant chaque fois qu'on fait l'amour, mais il faut redoubler de vigilance pour chaque cheveu laissé sur elle. Il y a aussi la question de l'odeur. Celle de l'Afrique est différente de celle de l'Amérique du Nord. Gide, en débarquant en Afrique (au Tchad, je crois) pour la première fois, trouvait que l'habitant sentait les feuilles – une odeur végétale. À Montréal, on sent la cigarette (beaucoup moins maintenant) et le gaz carbonique. À la campagne, je ne sais pas : la forêt (l'odeur fraîche de la neige) ? Tout cela pour dire que nous sentons parfois ce que nous mangeons. Alors je recommande une cure de yogourt pour se fondre dans la masse. On peut utiliser aussi discrètement la poudre pour bébé Johnson's. Ne pas oublier que, dans un petit village, tout le monde sait où vous êtes à tout moment. Ne cherchez donc pas à vous cacher. Faites tout dans la transparence, et ainsi vous risquez de passer inaperçu. Pour les femmes, elles semblent avoir les pieds sur terre (ne jamais les suivre sur ce terrain) tout en cachant un tempérament romantique. Attaquez bille en tête, malgré les refus, puis battez en retraite. C'est assez banal comme tactique, mais efficace. Si elle avance vers vous, ne bougez plus et surtout ne dites plus rien. La voilà prise à un piège dont elle ne pourra se défaire, puisqu'elle se bat contre elle-même. Quand une femme au cœur simple perd la tête, personne ne peut lui venir en aide, sûrement pas toi, qui es la maladie et non le remède. Si ça ne marche pas ici, il faut aller voir ailleurs. Il y a tant de charmants petits villages le long du fleuve.

66. Le jovialiste

C'est un personnage assez folklorique qui croit que tout finira toujours bien – le *Candide* de Voltaire, ou chez nous, André Moreau. Il suffit de faire confiance à la vie. Son leitmotiv: on a tous un bon fond, faut pas se chicaner. À part la mort, toutes les situations sont négociables. Trop actif pour être un fataliste. Pour lui, il y a deux types de gens: ceux qui envoient de bonnes vibrations et les autres. Il suffit de neutraliser les mauvaises vibrations. Cet homme (ou cette femme) sent les vibrations dès qu'il pénètre dans une pièce. Il les chasse par la pensée positive. Son univers est fait de fluides. Et c'est vrai qu'il répand sur son passage la bonne humeur.

Jusqu'à ce qu'on apprenne que c'est un angoissé. Son remède n'agit pas sur lui. Il passe son temps à jouer le bonheur pour cacher son désespoir. Et il panique à l'idée qu'on apprenne un jour qu'il était à l'origine des mauvaises vibrations qu'il chassait par le rire.

67. « C'est pas mon problème »

Je n'avais rien entendu d'aussi brutal de ma vie. Dans les années 80 (les années Reagan), il était utilisé à toutes les sauces. Même l'amour n'y était pas exempt: « Je n'arrive plus à respirer chaque fois que tu entres dans la pièce ». La réponse fuse: « C'est pas mon problème ». Pour moi, c'était le triomphe d'un individualisme forcené. Avec une pareille trouvaille, la planète peut basculer par-dessus bord, et ce ne sera le problème de personne.

Mais, comme toujours au Québec, il y a un sens souterrain. Le « C'est pas mon problème » peut aussi vouloir dire que c'est un problème dont je n'ai pas la solution. Cela n'aide personne de faire semblant de le résoudre. C'est du pur réalisme. Par exemple, j'ai vu un nouveau venu tenter de convaincre un fonctionnaire de l'absurdité d'un règlement. Visiblement, le fonctionnaire partageait l'avis de cet homme, mais il ne voyait pas la nécessité de l'admettre. L'autre insistait, refusant de céder la place au suivant.

Pour le fonctionnaire, c'est une simple perte de temps et d'énergie car, ne pouvant pas changer la loi, son opinion n'apportera aucune solution à la situation du client. Sa réponse reste invariable : « Je ne fais pas les règlements ». L'autre ne fait que quémander une sorte de fraternité, car dans sa culture l'État est toujours vu comme une entrave à la liberté individuelle. Il suffirait d'admettre cela par un clin d'œil complice et l'autre pourrait s'en aller avec un sourire.

Mais le fonctionnaire refusait de lui faire cette concession, pas par mauvaise foi, mais simplement parce que cela ne changerait rien aux faits. L'autre semblait incapable de comprendre pareil réalisme. Finalement, le fonctionnaire s'est débarrassé du malheureux avec un tonitruant : « C'est pas mon problème ».

Ce cri, que le nouveau venu reçoit comme une gifle, m'a semblé plutôt en être un de désespoir. Il sent que sa loyauté à l'État le fait passer pour un être cruel, parce qu'il sait que le client éclaire un défaut du système. Il est prêt à tout faire pour ce type, mais il ne peut pas toucher à l'institution garante de la démocratie. Vous vous demandez que vient faire la démocratie là-dedans ? L'opinion individuelle ne peut compter sans remettre le système en question. En fait, ce fonctionnaire avait honte. Pour défendre ce système auquel il croit, et il y croit parce que la majorité l'a voté, il s'est fait passer pour un imbécile.

68. LE RETOUR DU SAUMON

J'ai rencontré un vieux prêtre qui a officié en Haïti pendant soixante ans. Il est arrivé en Haïti à l'âge de vingt ans. Le voilà de retour au Québec à quatre-vingts ans. Toute une vie. Je le retrouve à la Baie-des-Chaleurs dans une maison de retraite pour de vieux religieux. On dirait un cimetière d'éléphants. Il dit le Canada français – c'est à ce moment-là que j'ai compris qu'il était parti avant la Révolution tranquille. Sa référence, c'est Duplessis, qu'il confond parfois avec Duvalier. Pour lui, c'est simplement la grande misère qui fait la différence entre les deux. Comme il dit: «On était peut-être pauvres à la maison avec 13 enfants, mais on n'a jamais eu faim.» Ce qui a contribué à une meilleure stabilité politique au Québec. Un homme affamé tuera pour un morceau de pain. Duvalier en a fait son homme de main. Le prêtre, tout jeune à l'époque, était heureux de travailler en Haïti. Aucune contrainte. Il circulait facilement dans le pays. Et comme il était un fils de cultivateur, il a demandé une paroisse à la campagne où il pouvait être utile. Il parle créole avec l'accent des paysans du Sud. Et le Québec? Il ne le connaît pas: «Ici, j'ai l'air d'un vieux con avec mon chapelet, alors qu'en Haïti je n'ai jamais eu le temps de prier une seule fois en soixante ans. J'avais toujours quelque chose à faire. Je ne prie jamais mieux que quand j'allège la vie de mes paroissiens. Au début, ils ne me faisaient pas confiance, et je les comprenais. J'aurais pu être un espion à la solde de Duvalier. Il y a eu des prêtres vaudou et des prêtres catholiques qui renseignaient le gouvernement. Mais ils m'ont adopté quand je me suis mis entre un puissant sbire de Duvalier (le préfet du département) et un honnête paysan qu'il allait tuer pour rien. Il a tiré, et je n'ai pas bronché. La balle a sifflé près de mon oreille droite. Bien sûr qu'il a fait attention à ne pas tuer un prêtre blanc, mais ces gens peuvent devenir fous quand on les affronte. Et depuis, j'étais protégé par la population.» Long silence. «Moi qui pensais que vous étiez un saumon revenu mourir dans son pays.» Il est resté un moment à regarder quelque chose au loin. Une minuscule île dans la mer des Caraïbes. «Mon pays, c'est Haïti, j'y ai passé toute ma vie. Je le connais par cœur (il touche son cœur en disant cela). Cela fait trois demandes de retour que j'ai fait à l'archevêque. Pas encore de réponse. Il espère que je meure entre-temps, mais je ne mourrai pas avant de retourner dans mes terres, près de la rivière la Guinaudée, pour être enterré parmi les miens.»

69. FOI ET IMMIGRATION

La Révolution tranquille a remplacé l'Église par l'école. La foi, oubliée. On vivait dans une tranquillité toute laïque quand les premiers immigrés musulmans sont arrivés. Et depuis, tout est chambardé.

La génération de Québécois qui a mis sa foi dans la démocratie découvre avec étonnement cette fièvre religieuse. Ils prêtent attention à ce retour de la foi au XXIe siècle. Ce n'est plus l'argent le grand moteur des choses humaines, mais la religion. Cette passion qui rend les hommes fous. Les aînés n'en veulent absolument pas, défendant bec et ongles la liberté que leur accorde la laïcité. Gardant jalousement le peu de démocratie qui leur reste. Les jeunes ne veulent pas revenir à l'Église, ni même à la religion, mais la foi les intrigue. Ils se sentent habités par elle, aussi. Cette flamme vive. On reste prisonnier de la chose à laquelle on croit, mais en même temps libre par rapport à tout le reste. La terre, l'argent, le pouvoir, tout ce qui plombe nos ailes en nous retenant au même endroit. Ils veulent, comme l'homme aux semelles de vent, partir loin pour connaître la condition de l'immigré, celui à qui on accepterait de tout donner par charité, mais qu'on ne voudrait en aucun cas inscrire dans un cadre légal.

70. La télé d'hier

Elle crée la nostalgie d'une époque qu'on n'a pas connue. Celle d'avant notre arrivée. On repasse les images. Et on est ému à chaque fois qu'on montre une époque qu'on n'aurait pas pu connaître. Comme un enfant qui n'arrive pas à imaginer la vie avant lui. On découvre, ahuri, que tout n'a pas commencé avec soi. Pour moi, c'est *Le Sel de la semaine* avec Fernand Seguin. J'ai connu Seguin, mais pas la grande époque où il recevait Kerouac. Et j'aurais aimé connaître les débuts de la Révolution tranquille. Quand il fallait réinventer un monde sans le « cheuf » (*Charbonneau et le Chef*). Quelle ardeur! Ceux qui ne pouvaient pas suivre étaient laissés sur le bord du chemin. Par contre, j'ai connu les grands téléromans de la terre (*Le temps d'une paix*), l'émission sur l'agriculture qu'on regardait plus en ville qu'en région (*La Semaine verte*), *Second regard* que l'Église a imposée à Radio-Canada, mais qui s'est révélée une excellente émission, *Soirée canadienne* qui nous faisait danser le samedi soir, qu'on a éliminée parce qu'on avait peur que les intellectuels français de passage nous découvrent des racines terreuses, et les films qu'on passait à midi à Télé-Métropole, toujours suivis d'un tirage où l'on pouvait gagner un 45 tours. Je ne parle pas des groupes musicaux comme Les Classels et son petit gros, et César et les Romains. Mais je tirais une larme chaque fois qu'on repassait les grandes batailles syndicales où les chefs n'hésitaient pas à aller en prison pour défendre leur position. Et ce jour où le chef syndicaliste Louis Laberge (Ti-Louis) voulait «casser le système». Toute cette vie avant mon arrivée ici.

Mais toi, Mongo, tu n'as même pas connu René Lévesque, le parti Rhinocéros du docteur Ferron, et le créditiste Réal Caouette – du pire et du meilleur.

71. Fuite des cerveaux

On se plaint beaucoup de la fuite des cerveaux vers les États-Unis. On connaît le principe : une meilleure offre. Les individus s'achètent et se vendent comme des produits. Et le discours nationaliste se révèle un trop fragile rempart pour empêcher quiconque de répondre aux sirènes de l'argent. Ce sont ceux qui n'ont pas encore reçu une bonne offre qui s'en offusquent.

En fait, il faudrait parler de circulation des cerveaux sur le marché mondial de l'énergie intellectuelle. Les Américains se taillent la part du lion en attirant chez eux les esprits les mieux formés des autres pays riches. Les puissances moyennes s'entre-dévorent. Et les puissances à faible résonance font main basse sur le tiers-monde. Les médecins et les ingénieurs de ces pays pauvres, où l'éducation est gratuite, c'est-à-dire payée par le contribuable jusqu'à l'université, deviennent chauffeurs de taxi dans les capitales de ces petites puissances. Chacun se plaint des cerveaux qu'il perd alors qu'il n'hésite pas à gaspiller les meilleurs cerveaux des pays pauvres, en les laissant pourrir dans un coin humide. Pourquoi importer un produit qu'on ne compte pas utiliser? À quoi sert un tel gaspillage? À le dévaluer. Que doit penser un chômeur occidental quand il voit un médecin faire le taxi? Que c'est mieux d'être chauffeur de taxi à Montréal, New York ou Paris qu'être médecin à Port-au-Prince, Dakar, Tunis ou Lima. Si la règle vise tous les étrangers, sauf les Américains, nous savons bien qu'il n'y a pas de médecin français ou allemand qui fait le taxi à Montréal. Quelque part, c'est le fait même d'être Algérien ou Argentin qui se retrouve affecté. Ce «produit» ne vaut plus grand-chose à la bourse des valeurs humaines.

72. ÉLECTRICITÉ/INTELLIGENCE

L'électricité m'a toujours fait penser à l'intelligence. L'intelligence électrique. Cela vient du fait qu'on a toujours associé une idée à une ampoule allumée. On parle aussi de cerveau éteint. Ce n'est pas pour rien que l'événement qui a marqué la vraie sortie de la Grande Noirceur au Québec fut le lancement de ce projet majeur: la centrale électrique de la Baie-James. Au propre et au figuré, il fallait éclairer la province. Sortir d'un Moyen-âge moral et intellectuel. On a fait un rapport entre l'électricité et l'esprit. Mais la spécificité de l'esprit québécois, c'est qu'il reste chevillé au corps. Sinon, on vous accuse d'être dans les nuages. De ne pas être un esprit pratique. On ne peut pas regarder son intelligence comme s'il s'agissait d'un objet de luxe. C'est une énergie à convertir en biens. Ça doit rapporter. Ou du moins être utile. Une intelligence qui tourne à vide est un frein au développement social. Est-ce pourquoi on attend de chaque pensée un impact dans la société? Sinon, on la tourne immédiatement en ridicule. Le contraire de l'esprit français, qui se désole que l'impact d'une réflexion intelligente ne se remarque pas au premier coup d'œil. Et qui pense que la circulation des idées a son rôle dans une société civilisée. Ici on croit qu'une idée qui circule, sans but, tourne en rond. L'esprit de salon est dénigré. C'est que le salon permet à l'individu de briller. Bien sûr que c'est une énergie, mais elle n'est pas immédiatement productive. Et les idées des salons provoquent des désordres inutiles dans les rues. L'agitation urbaine. La frénésie. Ici, on ne bouge que pour un bien-être collectif. Cela se traduit en travail, salaire, congés, pouvoir d'achat. Bien sûr qu'il y a la question de l'indépendance, mais elle ne porte vraiment, chez les jeunes, que quand on l'accouple à l'économie. Qu'est-ce qu'on gagnerait à être indépendant?

73. LA PATENTE

Chaque peuple a un secret qui ne doit pas être révélé, même sous la torture. Pour ici c'est *la patente*. La chose qui n'a pas de nom. Et qu'on ne doit pas nommer. Elle est arrivée de manière clandestine dans la culture québécoise, pour disparaître aussi discrètement. A-t-elle vraiment disparu? On ne peut le dire. C'est une forme de résistance au colonisateur. Je ne connais pas beaucoup de gens dans la nouvelle génération qui sachent de quoi il s'agit. Les pères n'en parlent pas aux fils, trop habitués qu'ils sont à se taire sur n'importe quel sujet, celui-là encore plus. Est-ce vu comme une pratique d'une époque révolue? En ont-ils honte, aujourd'hui que le Québec est entré dans la modernité? Peut-être que c'est si bien intégré dans les mœurs qu'on le pratique sans y penser. Tu te demandes de quoi il s'agit? Tu es affreusement titillé? Je te laisse cette enquête, cher Mongo.

74. Saisons

Les saisons ne sont pas pareilles dans le corps des natifs que dans le paysage. Un contretemps qui dépend du contrôle de notre radiateur personnel. Un contrôle qui suppose une grande connaissance du territoire. Et du vent. Savoir quand se laisser emporter ou résister. Et surtout quand il faut fuir. Partir en vacances ou passer une semaine sous les draps à boire du thé chaud en lisant *Kamouraska* (à privilégier en hiver un roman qui se passe en hiver, pour éviter un trop brutal choc en sortant dehors). Si on veut éviter la dépression que février traîne dans son sillage, il faut faire jaillir en soi l'énergie du printemps. C'est mieux d'avoir froid en lisant, en pleine canicule de juillet. La seule saison qu'il convient de vivre au moment où elle passe, c'est l'automne si coloré, avec sa douce température et sa tristesse si chic.

75. L'orgueil

C'est un des moteurs de cette société. D'autant qu'on croit, avec raison, qu'il lui a permis de sortir du trou. Quand lord Durham a promis l'assimilation des Canadiens français, ce peuple sans culture et sans histoire, il a fallu beaucoup de colère pour le lui faire rentrer dans la gorge. Faire mentir lord Durham a été l'une des motivations les plus fortes du natif. Et cela, malgré la difficulté d'un territoire qui se change en glace une bonne partie de l'année. Malgré une langue et une religion différentes des autres langues et religions nord-américaines. Un orgueil qui va jusqu'à l'entêtement. D'où cette propension chez le natif à ne jamais lâcher le morceau qu'il tient entre les dents. En période de crise, cela aide.

Mais que fait-on de cet orgueil quand il n'y a aucun danger? On le range dans un placard? Non, il s'infiltre dans la vie quotidienne jusqu'à l'empoisonner. En circulation, si quelqu'un s'estime dans son droit, il n'hésitera pas à vous rentrer dedans. Même si l'accident implique toujours les deux voitures. Comme il n'a jamais hésité à entreprendre un combat perdu d'avance. Il ira jusqu'au bout, quitte à tout perdre. Pour reprendre la saison prochaine. Un tel aveuglement est étonnant de la part de quelqu'un qui a fait de la négociation le fondement de sa société. Il ne faut jamais le défier. Il serait capable de casser en un jour ce qu'il a patiemment construit durant une décennie. Comme si une folie passagère s'était emparée de lui.

Je cherche encore la cause de ce comportement parfois suicidaire. Est-ce la brutalité des saisons? Ou la tension politique qu'il vit depuis son arrivée en Amérique? Ou simplement ce feu latin qui l'habite?

76. Le pauvre

C'est l'acide Plume Latraverse qui m'a fait comprendre la situation dans un long et puissant poème où il tente de définir le pauvre québécois.

> *Les pauvres ont pas d'argent*
> *Les pauvres sont malades tout l'temps*
> *Les pauvres savent pas s'organiser*
> *Sont toujours cassés*

Pourquoi reprend-il de telles évidences? C'est qu'il s'agit d'une condition nouvelle. Il y a à peine trente ans, et peut-être moins, le pauvre n'existait pas, pour la simple raison qu'à part de rares spécimens, il ne montrait pas le bout de son nez rouge. On accusait l'alcool d'être à l'origine de sa mésaventure. Sur son front, on pouvait déceler la marque de la honte. Les familles étant nombreuses, la pauvreté gangrenait la société. Et quand l'État a voulu prendre le pauvre sous son aile en créant le service du Bien-être social, les gens ont refusé d'aller s'inscrire. Recevoir de l'argent sans travailler était impensable dans une culture qui exigeait d'être responsable, à tout moment, de sa vie. Ne pas vivre aux crochets d'un parent comme de l'État, tel était le credo de l'honnête homme. Le pauvre, aux yeux de la population, n'était pas mieux que l'alcoolique. Et même quand le taux de chômage a commencé à enfler démesurément, la morale chrétienne permettait de croire que le pauvre n'était qu'un paresseux. Un père de famille au chômage dans une petite ville devait raser les murs. On se moquait des enfants du pauvre qui ne portaient que du «vieux linge» (Plume). Et qui, pour échapper au regard à la fois méprisant et compatissant des braves gens, ont dû filer à Montréal pour se noyer dans la population.

Ils étaient au bas de l'échelle quand les immigrés sont arrivés massivement pour les remplacer. L'immigré a permis au pauvre de quitter le sous-sol pour accéder au rez-de-chaussée. Depuis deux décennies, une nouvelle catégorie de pauvres bat la chaussée : le jeune homme tatoué avec un chien de race. Il ne marche plus tête baissée, et sa voix ne tremble pas quand il vous demande de l'argent. Le nouveau pauvre effraie le bourgeois. Ah, j'ai dit un mot qui n'existe pas dans le vocabulaire social québécois. Et c'est pour garder une société sans classes, où personne n'est au-dessus de personne, que cela a pris au pauvre si longtemps pour sortir du placard.

77. Écho

Pour survivre politiquement au Québec, il faut garder ses sens en alerte, comme si on se trouvait dans une jungle. Et comme dans toute jungle, c'est l'ouïe le sens à développer. Pour entendre l'autre, il faut faire silence. On ne dit pas les choses directement ici, et cela, même si on entend souvent l'expression : « On va se dire les vraies affaires ». C'est simplement pour exprimer un désaccord. En réalité, tout se passe en souterrain. Les discussions publiques ne sont qu'une pâle reprise des vraies discussions en famille, durant la période des Fêtes. Quand on parle en public, la chose est déjà jugée en privé. Et l'argument logique n'impressionne pas toujours. Si vous exprimez une opinion et que vous n'entendez aucun écho, c'est qu'on ne la partage pas. Soyez attentif à cela. On ne discute avec quelqu'un que si on est sur la même longueur d'onde que lui. Un peu pour aplanir les quelques légères aspérités qui traînent. Et tout cela finit par un accord chaleureux. Si plus tard vous changez d'avis, attendez-vous à être vu comme un traître. Car tout est émotionnel et personnel. Vous n'avez pas changé d'avis : vous émettez un avis contre l'autre. C'est un désamour. Et le désamour politique se vit violemment. Tout cela se fait sans bruit. Et si vous n'y prêtez pas attention, vous ne saurez même pas que vous êtes banni. Si on vous aime malgré votre opinion politique (cela arrive), on évitera certains sujets avec vous.

78. L'avenir

Contrairement à ce qui se passe dans les pays pauvres, qui n'ont pas besoin de vivre à une pareille vitesse, les temps sont brouillés ici. Le passé peut se retrouver dans le futur,

et le futur dans le passé. Ce qu'on appelle le futur anté-
rieur. Comment cela se manifeste-t-il dans la réalité ?
D'abord par la disparition du présent. Le présent est si
anticipé que quand il arrive on a l'impression de l'avoir
déjà vécu. Du vieux. On n'est jamais dans le moment. On
annonce constamment ce qui s'en vient, ce qui est contraire
au mode de vie dans le tiers-monde, où le passé porte le
présent sur ses épaules. Le public veut savoir ce qui se passera dans au moins cinq ans. C'est normal, quand on a une
bonne espérance de vie et qu'on n'a pas connu la guerre ni
l'instabilité politique. On voit le temps différemment.
L'avenir ne traîne pas avec lui un cortège de malheurs collectifs et de douleurs individuelles. On peut respirer avant
de s'enfoncer dans cette jungle, si imprévisible pour
d'autres, qu'est l'avenir.

79. LE BONJOUR ET LE PAIN

Le Québec a cédé sur le pain, mais pas sur le bonjour. Dans
les années 70 et jusqu'à la fin des années 80, le Québec
était encore chatouilleux sur le pain. Le Français le tenait
là. Il n'avait qu'à glisser que c'est difficile de trouver un bon
pain à Montréal pour que le Québécois sorte les griffes.
Cela le blessait d'autant plus qu'il savait que c'était vrai.
Le pain à Montréal était affreux. Sauf à certaines boulan-
geries françaises. Dès les années 90, Montréal a pris les
choses en main. Et a ajouté au pain le fromage et le vin.
On trouve aujourd'hui facilement toutes ces minuscules
choses qui illuminent le quotidien des Européens.
Presque chaque quartier possède une bonne boulangerie.
Et une pâtisserie.

Sur le bonjour, on refuse de céder. On continue à dire bonjour tout le long de la journée. Pourquoi une telle résistance à ne pas diviser la journée en trois parties comme ailleurs: le matin, l'après-midi et le soir. Je crois qu'on pense, avec raison, que le jour dure 24 heures et que pour le découper en tranches, il faut commencer par dire bon matin, le matin; bon après-midi et bonsoir suivront plus naturellement. Or tout le monde ne veut pas adopter le *bon matin* qui rappelle trop une traduction littérale de *good morning*. De plus, cela suppose d'avoir à se rappeler un seul mot de passe pour la journée. Il faut déjà s'occuper de la météo, qui prend un large espace dans la conversation quotidienne.

Le vrai bonjour au Québec, c'est de reconnaître qu'il fait beau. «Il fait beau ce matin, vous ne trouvez pas?» Le visage de l'autre s'éclaire.

80. LA STAR

La star se différencie au Québec d'ailleurs. C'est quelqu'un que le public a placé là-haut. Il peut le faire descendre à sa guise. Il ne faut pas que cette star donne l'impression que son talent y est pour quoi que ce soit. D'ailleurs, le mot qui revient, c'est la chance – «Je suis si chanceux». Si la star se trouve au firmament, elle ne doit pas se croire au-dessus des autres pour autant. Il lui faut rester jusqu'au bout *la p'tite fille de Charlemagne*. Cela s'étend même à la politique, comme on l'a dit plus tôt: *le p'tit gars de Shawinigan ou de Baie-Comeau*. Toujours petit, car on hésite à frapper les petits. La modestie, cette valeur opposée à l'orgueil. L'orgueil nécessaire pour mener une telle résistance contre les tempêtes de la vie, et la modestie qui permet de se mettre à l'abri quand le vent souffle trop fort. La star doit faire rêver sans jamais se prendre pour une autre. Si on la complimente sur sa robe de princesse, elle doit répliquer que «c'est une vieille affaire achetée il y a des années». C'est une forme de tauromachie, où tout est dans la manière d'éviter le taureau. Si jamais la star se fait pincer en volant à l'étalage par exemple, elle n'a qu'à s'excuser avec des larmes sincères pour qu'on lui pardonne. Il y aura un bref moment de purgatoire, et après elle pourra revenir en force. Il arrive que sans qu'aucune faute ne soit commise, le public décide de se désintéresser de telle star. Alors celle-ci cherche encore, des années plus tard, la raison d'une telle indifférence. Elle se résume souvent à «on l'a assez vue».

81. Joie printanière

Vous risquez d'être étonné de voir les gens bourgeonner, au printemps, comme s'ils étaient des arbres. On sort des chambres à coucher en même temps que les écureuils du parc. La neige est encore là, mais le printemps est déjà en nous. C'est que nous sommes pressés de changer de règne. On a dû épouser la psychologie de l'animal des bois pour survivre à l'hiver. Les pionniers avaient établi les codes de survie en regardant faire l'animal. On a longtemps porté sa peau sur nous. Et cela a eu une influence sur notre comportement. Mais là, on quitte le monde animal pour retrouver le règne végétal. Le vert triomphe de la glace. Plus tard, vers la fin du printemps, on finira par entrer dans la peau de l'humain – frémissante sous la caresse du vent chaud. Le corps revit. Tout ça ne te dit rien pour le moment, Mongo, car tu pourras vivre de trois à cinq ans sur ta réserve d'énergie venant de l'éternel été camerounais, mais la glace finira par te rattraper. En attendant, tu restes un animal prisé pour sa chaleur durant l'hiver. En ce moment mon obsession des saisons te fait rire sous ta cape, mais un jour tu sentiras ses ondulations sur ta peau et tout cet univers t'apparaîtra.

CARNET NOIR : Dernièrement, à la télévision française, on m'a questionné à propos de mon rapport avec le Québec. On a un rapport avec quelqu'un qu'on croise souvent au café, ou avec un collègue de bureau, mais pas avec ce qui fait partie de nous. Après quarante ans de présence ici, je peux dire que le Québec s'est glissé sous ma peau. J'en parle du dedans aujourd'hui. La glace circule dans mes veines. J'y ai appris tant de choses. Tout d'abord, le sens du temps présent. En Haïti, je vivais dans un temps intemporel. Le temps prolongé de l'enfance, sous le regard attendri de ma grand-mère à Petit-Goâve, puis de ma mère à Port-au-Prince. Plus tard, ce furent des amis rencontrés par hasard qui m'ont permis de connaître les peintres dits primitifs, les écrivains affamés, les poètes aux ailes translucides, les marchandes de fruits et légumes, les chroniqueurs littéraires au chômage, les musiciens alcooliques, les philosophes, les rêveurs, les chiens qu'on croise la nuit et les jeunes comédiennes du Conservatoire, tout ce petit théâtre de poche qui m'aide, les nuits grises, à atteindre l'aube. Au Québec, ce fut le temps brutal de l'usine, mais aussi le temps des longues promenades nocturnes, des conversations interminables dans les cafés, de la découverte de Nelligan et de Vigneault, des visites au musée en espérant croiser de jeunes femmes qui accepteraient de prendre un verre avec moi pour discuter plus longuement de Warhol, des voyages à New York ou à Miami, dans cette Amérique du Nord que j'ai d'abord découverte par ses écrivains au style qui alterne tendresse et violence. Enfin, le temps d'un voyage à Trois-Pistoles à la rencontre de l'ogre qui dialogue avec Kerouac, Melville, Joyce, Hugo et Nietzsche. Cet homme me semble une métaphore du Québec, en ce sens qu'il est à la fois l'être le plus borné et le plus ouvert que je connaisse. Borné dans sa vision du pays comme un enclos, ouvert parce que je ne connais personne d'autre qui ait tenté une telle aventure intellectuelle. De sa petite cabane du fond du Québec, il a noirci des milliers de pages pour rendre visite à ces écrivains disséminés partout dans le monde.

C'est le Québec, cher Mongo. Quand tu y voyageras, n'oublie pas qu'il est possible de croiser dans un village un être modeste qui rêve de pacifier le monde. Tu sauras ce qu'il en est quand il t'invitera à passer dans son laboratoire, dans la pièce d'à côté, pour te montrer comment il entend s'y prendre. Ici, les idées les plus abstraites sont souvent analysées sous un angle concret, réaliste. On finira par construire une machine anti-guerre qui remplacera les palabres. Peut-être une machine pour parler à la place des puissants : les débats dureront jusqu'à des résultats satisfaisants. Et on t'expliquera cette invention durant toute la nuit. Va les voir, Mongo, ils sont là où tu n'imagines pas, dans les villages endormis sous la neige durant les longs mois d'hiver, ces fous de l'Ancien Testament qu'on aurait pu croiser dans la foule qui suivait Moïse vers la terre promise.

Diderot dans le parc

Je continuais ma lecture du *Neveu de Rameau*. Dans mon coin. Je retrouve Diderot toujours avec plaisir. Cette langue souple. Et ce que j'aime surtout chez lui : le sens des autres. Rude travailleur. L'encyclopédiste. Le pédagogue qui aime informer ses compatriotes. Mongo arrive.

— Ah, tu lis Diderot. Mon père l'adorait.

On se revoit dans vingt ans, Mongo, à ce petit parc où j'ai situé mon premier roman. On revient toujours, en Amérique, là où tout a commencé.

« LA RÉVOLUTION NE SERA PAS TÉLÉVISÉE »

C'est vers la fin de tous les discours qu'on parle généralement de l'avenir. C'est bien vrai que le crépuscule d'une époque annonce parfois l'aube d'une nouvelle vie. Et donc de nouvelles perspectives. Un large panorama s'ouvre alors devant nos yeux éblouis. Car l'avenir fait mieux d'être radieux, sinon les esprits deviennent chagrins. On veut tous un avenir meilleur pour ceux qui nous tiennent à cœur. Le problème, c'est qu'on ne parle pas ici en termes individuels, mais plutôt en termes collectifs. Ce qui veut dire qu'on ne contrôle pas forcément tous les paramètres. On peut conduire sa voiture entre les deux grandes lignes blanches et sans faire d'excès de vitesse, mais rien ne nous met à l'abri d'un chauffard ivre. Nous ne sommes pas seuls. Et aucun projet ne réussira si on ne tient pas compte de ceux qui partagent la vie publique avec nous.

Nous ne sommes pas seuls sur l'autoroute de la mort. Il arrive parfois que des millions de gens, simplement parce qu'ils sont en relation quotidienne depuis si longtemps, se lancent dans le même projet social. Et cela s'appelle une ville. Sinon c'est la jungle. Je parle ainsi parce qu'il est difficile, pour des gens de cultures si différentes, parfois opposées, même, de se croire dans la même ville, à défaut d'être dans la même vie. Il arrive même qu'ils ne soient pas dans le même siècle. Soit par caprice du calendrier (l'Occident et l'Orient ne vivent pas dans le même temps), ou simplement du fait que le progrès soit allé plus vite pour l'un que pour l'autre.

On voit des gens se croiser sans se voir dans les rues de Montréal. C'est qu'ils sont habités d'angoisses si différentes. Cette Irakienne songe à sa ville natale complètement détruite et à sa famille trouvée sous les décombres d'un immeuble. Cet Algérien est en route depuis si longtemps qu'il ne se souvient plus à quoi ressemble Alger. Cette Haïtienne écoute les nouvelles à la télé, le soir, le cœur palpitant d'apprendre soudain une nouvelle tragédie. Leur esprit est souvent ailleurs. Pourtant, ils doivent bien atterrir, un jour, à Montréal, là où se trouvent leur quotidien et leurs enfants. L'avenir de leurs enfants, ils le préparent en travaillant durement sous un climat souvent contraire à leur nature.

Ils sont arrivés ici parfois sans connaître personne, souvent sans qualifications précises, sans aucune référence, et sans travail qui les attend. Avec simplement leur force de travail. Et cette énergie indomptable. Ce sont des funambules qui font leur numéro sans filet. Et ils se mettent au boulot, dès le lendemain de leur arrivée, bossant du matin au soir, sans jamais lever la tête vers la fenêtre. Ces saisons inconnues, sauf l'été si bref qui leur rappelait le pays natal. L'été est un pays en soi.

Ils se terrent alors dans les sous-sols des maisons de ces quartiers dits dangereux parce que simplement pauvres. Le but est de préparer un meilleur avenir à leurs enfants – ce vieux rêve que partagent tous les parents du monde.

Ignorant qu'ils avaient pris le train qui allait dans le mauvais sens. Vers le garage. On oublie aujourd'hui ce qu'il a fallu de travail pour remettre dans la bonne direction ce maudit train. Même ceux qui ne savent pas lire croient que l'école est la seule porte de sortie pour leurs enfants.

Puis vint la révolte de cette même jeunesse. L'affrontement générationnel, normal dans d'autres classes plus aisées, est vécu ici comme une trahison. Au lieu d'être impressionnés par l'effort fourni par leurs parents, ces jeunes n'ont vu que les humiliations, les nuits de veille, les blessures. Et ils ont pris parti de mépriser ce mode de vie. Là où il y a de l'honnêteté, ils n'ont vu que de la soumission. Pour eux, ce n'était que des nègres s'échinant comme des esclaves. Ce qui est faux, car si l'esclave travaille pour son maître, eux ne travaillent que pour leurs enfants. Pour la grande majorité, c'est dans les usines que l'avenir de cette communauté a été pensé. Ces gens voulaient sortir du sous-sol pour arriver au rez-de-chaussée. Cela leur a coûté trente ans de labeur pour pouvoir monter un simple escalier.

Les murs tombés, ils se sont éparpillés dans la ville. Ce fut une seconde étape. Mais à trop travailler, on n'a pas vu s'effilocher le tissu familial. C'est l'absence ou la présence du père qui déterminera le comportement du fils. Le père travaillant trop, la mère perdant chaque jour de l'autorité, les enfants se retrouvent livrés à eux-mêmes. Les voilà cherchant des modèles dans ce qui est le pire de la culture américaine : ce rap dur qui compare les filles aux putains tout en faisant l'éloge de la violence. Cette minorité veut vivre hors la loi, une minorité qui, avec la complicité des médias gourmands de clichés, finit par discréditer la majorité.

293

Cela prendra une autre décennie pour rétablir la dignité d'une telle communauté. En attendant, les pères rasent les murs. Les mères se voilent la face. En réalité, cet effondrement des valeurs morales est universel. La guerre fait rage partout sur la planète. Les puissants n'hésitent pas à écraser les plus faibles en plein jour. On bombarde sans cesse des populations civiles sans prendre la peine de donner la moindre explication. Les hommes d'État mentent effrontément à la face de leurs propres citoyens. Cela touche tout le monde. Il n'y a pas de partie saine et malsaine. Ou plutôt, ceux qui mènent une vie saine, simple, sans anicroche, n'intéressent visiblement pas les médias. On n'arrive toujours pas à captiver le spectateur avec l'histoire de ceux qui ne font pas d'histoires.

Malgré tout, on sent un mouvement de fond. Quelque chose a bougé. Quelque chose bouge depuis un moment. Cette majorité de jeunes, qui veulent une vie moins isolée du reste de la population, sont en train peut-être de réactiver le vieux corps social blessé. Le fond de l'air se purifie enfin. On dirait que se prépare une petite Révolution tranquille. On ne l'a pas remarqué tout de suite parce que, sous l'instigation de la presse, nous étions obnubilés par cette jeunesse en révolte. Une jeunesse qui a confondu la vie avec cette fiction délirante que la télé américaine nous déverse dessus 24 heures sur 24. Une culture où le gagnant, c'est celui qui a tué en lui toute sensibilité humaine. Une culture où la vulgarité s'érige en principe de vie. C'est cela qui nous a caché la forêt. C'est-à-dire la foule vibrante de jeunes qui veulent se faire une place honorable dans une ville qui est la leur. Et dans cette seule vie qu'ils connaîtront. Ils n'entendent pas se mettre hors la loi, parce que le territoire du hors-la-loi leur paraît trop restreint – une chambre de prison avec des barreaux aux fenêtres. Pour eux, le mythe du tueur qui croit que le monde se conquiert au bout d'un revolver a fait son temps. Le mythe du macho qui trouve son courage à pousser sa sœur à se prostituer est complètement dépassé.

Ce qui semble au goût du jour, c'est la jeune femme qui poursuit ses études malgré toutes les barricades s'érigeant devant elle. Ce qui captive, c'est ce jeune homme noir qui entre au palais de justice comme avocat et non comme prévenu. Ce qui est émouvant, c'est encore celui-là qui donne le bon exemple à son jeune frère.

Je me souviens de ce jeune boxeur rencontré un soir dans le métro. Je l'avais vu à la télévision affronter vaillamment un adversaire beaucoup plus costaud et plus expérimenté que lui. Comme je vantais son courage, il m'a regardé longuement avant de me confier : « Je me suis entraîné pour l'affronter. Je savais ce qui m'attendait. La personne vraiment courageuse, c'est ma mère. Quand il fait très froid et que je n'ai même pas le courage d'aller aux toilettes, je l'entends qui se lève pour aller travailler. Et je sais qu'elle aura à attendre l'autobus un bon moment. Et ça fait quarante ans qu'elle le fait. Voilà ce que j'appelle du courage ».

Où est la nouvelle génération ? Comme elle est partout, on ne la voit pas. Elle ne fait pas parler d'elle. Justement parce qu'elle travaille. On verra, un jour, les fruits de ce labeur. En attendant, ces jeunes gens se faufilent dans la population, s'infiltrent dans tous les espaces qu'on veut bien leur laisser, ouvrent de nouvelles perspectives. Pas encore tout en haut de l'échelle, mais déjà plus tout en bas. Ici, c'est leur société. C'est tout ce qu'ils savent de la vie. Et c'est aussi là qu'ils entendent faire leur vie. Ils sont déjà engagés dans la vie sociale et politique de ce pays. Ils voient des films, lisent les romans de jeunes écrivains qui partagent le même espace qu'eux, sans que ce soit la même couleur, vont au théâtre ou au concert, participent à la vie culturelle de leur société. Ils ne renient pas pour autant la culture de leurs parents. Ce pays qu'ils retrouvaient, en revenant de l'école, dès qu'ils franchissaient le seuil de la maison. Déjà l'odeur de la nourriture. La musique qui rythmait les fêtes familiales. La langue maternelle qui continuait son chemin hors du pays natal. Les langues voyagent. Les angoisses politiques de leurs parents. Ils n'ont qu'à fermer les yeux pour se retrouver à Port-au-Prince, à Alger, à Téhéran, à Shanghai, à Tunis, à Dakar, à Toulouse, à Milan, à Bagdad, à Budapest, à Casablanca, à Santiago, à Salvador de Bahia. Tout cela existe encore en eux. Le monde de l'enfance habite chacune de nos cellules. Il est impossible d'échapper à son enfance. C'est ce qui les aidera le jour où cette déprime sourde leur tombera dessus, faisant d'eux des orphelins identitaires. Alors du fond de la nuit polaire montera ce chant que leur mère fredonnait pour les endormir. Et c'est avec ce doux chant dans la tête qu'ils prendront l'escalier, sans bousculer personne sur leur chemin, qui mène aux étages supérieurs.

Comment faire l'amour avec un nègre sans se fatiguer, Montréal, VLB, 1985 ; Paris, Belfond, 1989 ; Paris, J'ai lu, 1990 ; Paris, Serpent à plumes, 1999 ; Montréal, Typo, 2002.

Éroshima, Montréal, VLB, 1987 ; Montréal, Typo, 1998.

L'Odeur du café, Montréal, VLB, 1991 ; Montréal, Typo, 1999 ; Paris, Serpent à plumes, 2001.

Le Goût des jeunes filles, Montréal, VLB, 1992 ; Nouvelle édition, Montréal, VLB, 2004 ; Paris, Grasset, 2005.

Cette Grenade dans la main du jeune nègre est-elle une arme ou un fruit ?, Montréal, VLB, 1993 ; Typo, 2000, nouvelle édition, Paris, Serpent à Plumes, 2002 ; Montréal, VLB, 2002.

Chronique de la dérive douce, Montréal, VLB, 1994 ; Nouvelle édition, Montréal, Boréal, 2012.

Pays sans chapeau, Outremont, Lanctôt, 1996 ; Paris, Serpent à plumes, 1999 et 2004.

La Chair du maître, Outremont, Lanctôt, 1997 ; Paris, Serpent à plumes, 2000.

Le Charme des après-midi sans fin, Outremont, Lanctôt, 1997, Paris, Le Serpent à plumes, 1998 ; Montréal, Boréal, 2010.

J'écris comme je vis. Entretien avec Bernard Magnier, Vénissieux, La passe du vent, 2000 ; Montréal, Lanctôt éditeur, 2000 ; Montréal, Boréal, 2010.

Le Cri des oiseaux fous, Outremont, Lanctôt, 2000 ; Paris, Serpent à plumes, 2000 ; Montréal, Boréal, 2010 ; Paris, Zulma, 2015.

Je suis fatigué, Vincennes, Les Librairies Initiales, 2000 ; Port-au-Prince, Mémoire, 2001 ; Outremont, Lanctôt, 2001.

Comment conquérir l'Amérique en une nuit, Lanctôt éditeur, 2004 ; Montréal, Boréal, 2010.

Les années 80 dans ma vieille Ford, Montréal, Mémoire d'encrier, 2005.

Vers le Sud, Montréal, Boréal, 2006 ; Paris, Grasset, 2006.

Je suis fou de Vava, Longueuil, La Bagnole, 2006.

Je suis un écrivain japonais, Montréal, Boréal, 2008 ; Paris, Grasset, 2009.

La fête des morts, Longueuil, La Bagnole, 2009.

L'énigme du retour, Paris, Grasset, 2009 ; Montréal, Boréal, 2009 ; Librairie générale française, 2010.

Tout bouge autour de moi, Montréal, Mémoire d'encrier, 2010 ; Nouvelle édition, Montréal, Mémoire d'encrier, 2011 ; Nouvelle édition, Paris, Grasset, 2011.

Un art de vivre par temps de catastrophe, Edmonton, University of Alberta Press, 2010.

L'art presque perdu de ne rien faire, Montréal, Boréal, 2011 ; Paris, Grasset, 2015.

Chronique de la dérive douce, Montréal, Boréal, 2012 ; Paris, Grasset, 2012.

Journal d'un écrivain en pyjama, Montréal, Mémoire d'encrier, 2013 ; Paris, Grasset, 2013.

Le baiser mauve de Vava, Longueuil, La Bagnole, 2014 ; Haïti, Mémoire d'encrier, 2014.

L'odeur du café, Longueuil, La Bagnole, 2014.

Dany Laferrière à l'Académie française, Montréal, Boréal, 2015.

Les années 80 dans ma vieille Ford, Dany Laferrière

Mémoire de guerrier. La vie de Peteris Zalums, Michel Pruneau

Mémoires de la décolonisation, Max H. Dorsinville

Cartes postales d'Asie, Marie-Julie Gagnon

Une journée haïtienne, Thomas Spear, dir.

Duvalier. La face cachée de Papa Doc, Jean Florival

Aimititau! Parlons-nous!, Laure Morali, dir.

L'aveugle aux mille destins, Joe Jack

Tout bouge autour de moi, Dany Laferrière

Uashtessiu / Lumière d'automne, Jean Désy et Rita Mestokosho

Rapjazz. Journal d'un paria, Frankétienne

Nous sommes tous des sauvages, José Acquelin et Joséphine Bacon

Les bruits du monde, Laure Morali et Rodney Saint-Éloi (dir.)

Méditations africaines, Felwine Sarr

Dans le ventre du Soudan, Guillaume Lavallée

Collier de débris, Gary Victor

Journal d'un écrivain en pyjama, Dany Laferrière

Bonjour voisine, Marie Hélène Poitras (dir.)

Journal d'un révolutionnaire, Gérald Bloncourt

Le vent des rives, Rachel Bouvet

Je ne vais rien te cacher. Lettres à Georges Anglade, Verly Dabel

Les échos de la mémoire. Une enfance palestinienne à Jérusalem, Issa J. Boullata (trad. Chantal Ringuet)